# Savoir prendre des notes

## Chez le même éditeur :

- *Savoir argumenter*, Jean et Renée SIMONET
- *Les stratèges de l'éphémère*, Jean SIMONET
- *Pratiques du management en Europe*, Jean SIMONET
- *Le Conseil*, Jean SIMONET en collaboration avec J.P.BOUCHEZ, Joël PELADE et Patrick GILBERT
- *Former à l'expression écrite et orale*, Renée SIMONET, en collaboration avec J. LAVERRIÈRE et M. SANTUCCI
- *Écrire pour agir au quotidien*, Renée SIMONET en collaboration avec A. MARRET
- *Former à l'écoute*, Renée SIMONET en collaboration avec J.SALZER et R.SOUDEE

## Du même auteur :

- *Comment réussir son exposé oral*, Renée SIMONET, Dunod.
- *Comment réussir sa recherche de stage*, Renée SIMONET, Dunod.
- *Les techniques d'expression et de communication : évolution, fondements, pratiques*, Renée SIMONET, L'Harmattan.

Renée Simonet
Jean Simonet

# Savoir prendre des notes

Troisième édition

EYROLLES

Éditions Eyrolles
61, Bld Saint-Germain
75240 Paris Cedex 05
www.editions-eyrolles.com

Mise en pages : Istria

# Sommaire

# Introduction

## Formation à la méthodologie de la prise de notes : le retard français

Tout le monde est appelé à prendre des notes : le cadre, ou tout salarié, le bénévole associatif, le secrétaire, l'élève, l'étudiant, l'adulte en formation... Les situations de prise de notes sont multiples et renvoient aux moments les plus divers de la vie quotidienne, professionnelle ou personnelle : lecture d'un livre ou d'un journal, dialogues, réunions, observations diverses, réflexions ou recherches personnelles, écoute d'un exposé, préparation d'un travail personnel ou d'une intervention orale, etc. Mais, si chacun prend des notes, plus ou moins et à des titres divers, rares sont ceux qui ont eu l'occasion de se former ou de se perfectionner dans ce domaine. C'est qu'en France, à la différence des pays anglo-saxons, la formation à la prise de notes est rare. Aux États-Unis et en Grande-Bretagne, elle est considérée comme un des éléments essentiels du savoir-apprendre (*how to study*), avec les méthodes de lecture efficace, d'expression écrite et orale et d'organisation du travail personnel. Élèves et étudiants suivent des cours de méthodologie dans lesquels la prise de notes tient une place centrale[1].

Notre ouvrage vise à combler partiellement cette lacune de l'enseignement français en proposant au lecteur une réflexion personnelle et des pistes de perfectionnement relatives à sa pratique de la prise de notes.

## Une approche systémique de la prise de notes

Nous définirons la prise de notes comme une démarche active d'enregistrement par écrit d'une information.

Le schéma ci-après explicite cette démarche de la prise de notes en tant que système de traitement de l'information.

Ce système met en évidence :

- que la prise de notes est (et s'insère dans) un processus de communication où émetteur et récepteur peuvent être soi-même ou autrui,
- que la prise de notes est un travail intellectuel, une production mentale, qui, partant d'une matière première écrite, orale ou mentale, élabore un produit qui sera utilisé tel quel ou servira de base à une rédaction ultérieure.

De cette analyse découlent un certain nombre de principes que nous développerons tout au long de ce livre :

1/il n'y a pas de recettes universelles car la prise de notes doit analyser, respecter et intégrer les spécificités de toute relation de communication (avec autrui ou avec soi-même !),

2/la qualité de la prise de notes sera fonction de son adéquation à l'usage qu'on veut en faire, et l'utilisateur des notes est le mieux placé pour l'évaluer et proposer des améliorations,

3/la prise de notes est un travail intelligent qui doit apporter une réelle valeur ajoutée, et non une activité mécanique[2].

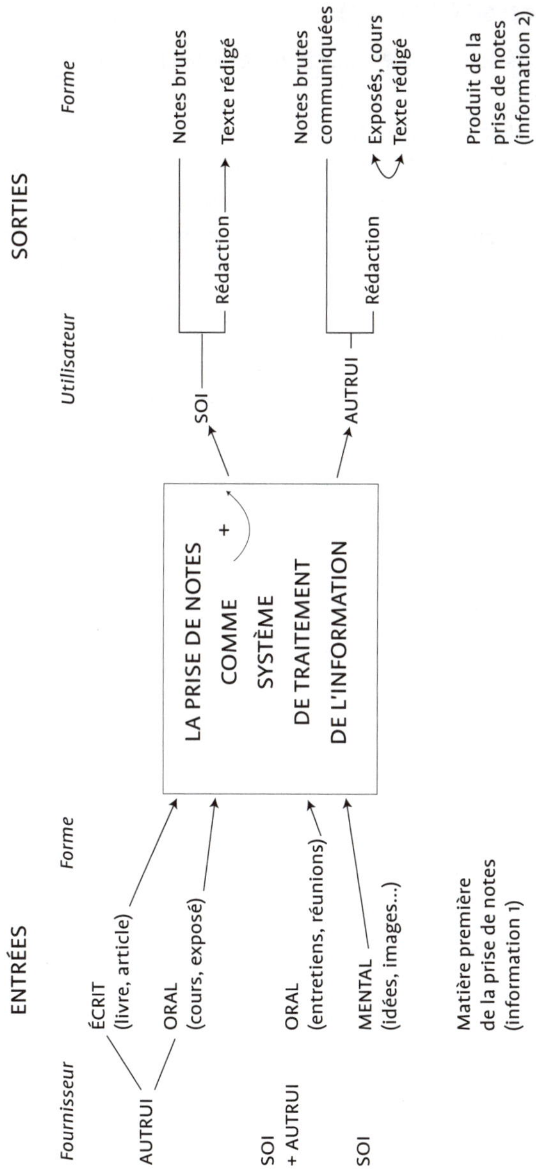


**Schéma systémique du processus de prise de notes**

## La conception de l'ouvrage

Nous avons construit ce livre à partir de l'examen des différentes situations de prise de notes.

Nous avons privilégié la prise de notes en situation d'expression orale parce qu'elle nous semble en général à la fois la plus fréquente et la plus délicate.

Le chapitre 1 en présente les généralités, puis les suivants envisagent chaque type de situation : prise de notes lors de cours, conférences, exposés (chapitre 2), lors d'entretiens (chapitre 3), pendant une réunion (chapitre 4), ou pour préparer une intervention orale (chapitre 5). Le chapitre 6 traite de la prise de notes à partir de supports écrits. Enfin, les deux derniers chapitres développent différentes utilisations de la prise de notes comme moyen de développement ou d'efficacité personnelle, pour créer (chapitre 7) et pour s'organiser (chapitre 8).

# Chapitre 1

# Prendre des notes à partir d'une situation d'expression orale — Généralités

Lorsque vous prenez des notes à partir de documents écrits, qu'ils soient sur support papier ou sur ordinateur, vous avez la possibilité de vous reporter au texte en cas de doute, d'incompréhension, de litige. La matière première est disponible et sert de référence permanente.

Lorsqu'il s'agit d'une situation d'expression orale, toute la difficulté réside dans la nécessité de capter et de fixer la parole qui passe sans laisser de trace.

Les contextes de prise de notes auxquels nous consacrerons le présent chapitre sont les suivants :

1/ la prestation d'un orateur unique : conférence, exposé, cours ;

2/ l'entretien ;

3/ la réunion.

Nous excluons de notre champ de réflexion actuel les situations dans lesquelles les échanges ou interventions sont enregistrés ou pris intégralement en sténo. Elles relèvent d'une autre démarche méthodologique qui est celle de l'analyse de texte.

## Les difficultés

Ne nous berçons pas d'illusions : il est difficile d'emblée de bien prendre des notes et seul un entraînement régulier, accompagné d'une autocritique et d'une autocorrection permanentes, vous permettra de parvenir à un résultat positif.

En quoi résident ces difficultés ?

## Le décalage entre le temps nécessaire à la parole et le temps nécessaire à l'écriture

Des études concernant ces deux types d'activité ont mis en évidence que, en moyenne, nous parlons à une vitesse de 150 mots par minute alors que nous ne pouvons, dans le même temps, n'en écrire que 27. Certes, ce ne sont que des moyennes, et chacun possède ses propres aptitudes. Mais quelles qu'elles soient, l'écart est significatif et amène à considérer la difficulté fondamentale de la prise de notes : il est impossible physiologiquement de reproduire par écrit autant de mots qu'on en entend. Il faut donc effectuer un tri.

Nous étudierons ultérieurement des méthodes de travail qui vous permettront de sélectionner les données le plus efficacement possible.

## La nécessité de combiner plusieurs opérations mentales en même temps

Le processus intellectuel mis en marche à l'occasion de la prise de notes met en jeu, simultanément, un certain nombre d'opérations mentales. En effet, en même temps que vous recevez le message oral, vous devez être capable :

- D'ÉCOUTER ;
- DE COMPRENDRE ;
- D'ANALYSER ;
- DE SÉLECTIONNER ;
- avant de CONSIGNER PAR ÉCRIT.

Et il ne faut pas oublier que, au moment où vous finissez d'écrire la phrase P1, votre oreille reçoit déjà la phrase P2, et ainsi de suite.

C'est donc une grande capacité d'attention et de concentration que requiert la prise de notes. Seul un entraînement personnel vous permettra de progresser dans ces domaines.

# 1. À partir d'une situation d'expression orale

## L'impossibilité d'appliquer une méthode stéréotypée ou des recettes toutes prêtes

Il peut paraître paradoxal d'évoquer cette difficulté dans un ouvrage qui est justement consacré à la prise de notes. Mais, soyons honnêtes, cette pratique met en jeu un grand nombre d'aptitudes intellectuelles (écoute, compréhension, réflexion, analyse, synthèse) qu'aucun « truc » ne saurait compenser. On pourrait, à l'extrême, dire : « À chacun sa façon de prendre des notes. »

Toutefois l'expérience acquise en ce domaine nous permet d'élaborer un guide de conseils pratiques qui vous aideront à tirer le meilleur parti de vos propres aptitudes.

C'est pourquoi vous trouverez ci-après des points de repère pour analyser la situation dans laquelle vous devez prendre des notes [identification du contexte et des objectifs] et des outils d'organisation personnelle pour tirer parti, au mieux, de cette situation.

### Le contexte de la prise de notes

On ne peut pas dire que des notes ont été bien ou mal prises dans l'absolu. Pour juger de leur pertinence et de leur efficacité, il faut prendre en compte certaines variables essentielles.

1/L'information de la personne qui note sur le sujet : ces notes sont-elles un apport d'informations principal ou complémentaire ?

2/L'objectif de la prise de notes : à quoi vont-elles servir ?

3/Le ou les utilisateur(s) : à qui sont-elles destinées ? En effet ces critères permettent de déterminer :

- le contenu des notes : du succinct à l'exhaustif, en passant par différentes possibilités que nous étudierons ultérieurement ;
- la forme et le niveau d'exigence en ce qui concerne la précision, la lisibilité, la clarté : des notes utilisables par celui qui les prend ne seraient pas appréhendées de la même façon par quelqu'un d'autre !

Considérons différents cas de figure possibles en ne nous en tenant qu'aux grandes lignes. Nous mettrons en évidence les différents paramètres à prendre en compte dans les situations de prise de notes à partir d'un matériel verbal.

- La prestation d'un orateur : cours magistral, exposé, conférence

– Par rapport au sujet traité vous pouvez être
- → totalement ignorant
- → vaguement compétent
- → expert

– Les notes serviront
- → à vous-même
- → à d'autres personnes
- → à vous et à d'autres

– Les thèmes abordés devront être retenus
- → dans leur totalité (notes exhaustives)
- → dans les grandes lignes
- → sous certains aspects (notes sélectives)

– La prestation de l'*orateur* est
- → structurée
- → désordonnée
- → claire
- → confuse

– La voix de l'*orateur* présente un débit
- → rapide
- → lent

– L'*orateur* est
- → audible
- → inaudible

# 1. À partir d'une situation d'expression orale

▸ La réunion

- Par rapport au contenu des échanges, vous pouvez être
  - expert
  - ± informé
  - profane
- Vous êtes intéressé et (ou) concerné par
  - la totalité des aspects abordés
  - certains aspects particuliers
  - les seules décisions
- Vous prenez des notes
  - pour vous-même (mémoire personnelle)
  - pour les autres (compte rendu)
    - réunion enregistrée
    - réunion non enregistrée

▸ L'entretien

- Il peut être
  - enregistré (magnétophone magnétoscope)
  - non enregistré
- Vous désirez
  - explorer certains thèmes précis
  - être à l'écoute de l'ensemble du discours sans attente précise
- L'exploitation de l'entretien concerne
  - un travail d'équipe (enquête)
  - une recherche personnelle
  - une étude de problèmes
  - une *commande* (embauche...) dont il faut rendre compte, etc.

Les trois situations types dont nous avons dégagé les composantes essentielles présentent un certain nombre de points communs quant à la démarche de la prise de notes. C'est pourquoi nous nous centrerons tout d'abord sur ces constantes avant d'étudier la spécificité de chacun des contextes considérés.

## Se préparer matériellement à la prise de notes

Compte tenu de la course contre la montre à laquelle astreint la prise de notes, vous devez veiller non seulement à ne pas vous laisser distraire par des détails matériels, mais aussi à prévoir et préparer à l'avance tous les supports utiles et efficaces.

Avoir sous la main la quantité de feuilles ou fiches suffisantes pour la période durant laquelle vous consignerez les propos entendus. Le temps perdu à aller rechercher du papier dans vos affaires ou auprès d'un voisin peut provoquer une rupture dans la démarche d'écoute et créer une déconcentration néfaste. Prévoir également un stylo de rechange en cas de panne ; un tel incident est générateur de perte de temps et d'attention.

Si vous connaissez les thèmes sur lesquels portera l'intervention orale, vous avez intérêt à préparer des supports de prise de notes, ce qui vous facilitera ultérieurement l'exploitation. Préparez donc des fiches en tête de chacune desquelles vous inscrirez les rubriques prévues ou celles que vous avez choisi de retenir.

Par exemple, lors d'un entretien non enregistré, en fonction du guide[3] choisi, vous consignerez les informations recueillies sur des feuilles consacrées aux différents thèmes explorés.

Autre exemple, face à un débat, vous pourrez, selon vos objectifs, organiser votre prise de notes soit autour de thèmes abordés, soit autour des intervenants.

Ainsi face à un débat de politique intérieure, on peut organiser sa prise de notes selon les deux présentations suivantes :

| **Le chômage** |
| --- |
| le député UMP |
| le député PS |
| le député PC |
| le député UDF |

| **Le député UMP** |
| --- |
| le chômage |
| la Sécurité sociale |

Cette structuration préalable ne doit cependant pas créer de perte de temps par un maniement incessant de feuilles ou fiches préparées. Vous en retirerez d'autant plus d'avantages que les rubriques prévues seront assez larges et que vous aurez acquis, par l'entraînement, une certaine rapidité d'écriture.

De plus en plus de gens prennent des notes sur leur ordinateur portable. Utiliser ce support présente des avantages pour ceux qui ont une rapidité de frappe supérieure à l'écriture manuelle. En outre le texte peut être remanié en vue d'un compte rendu ou servir de base à la mémorisation de certains aspects par l'ouverture de fichiers spécifiques. Mais la tendance étant de faire de la frappe en continu, la recherche de mise en forme occasionnant une perte de temps, il est indispensable de reprendre ses notes au plus tôt pour éviter une perte de sens.

Question pratique : assurez-vous que la batterie de votre ordinateur vous permettra de vous en servir le temps nécessaire ou que vous pourrez fonctionner sur secteur.

## Se préparer intellectuellement à la prise de notes

Prendre des notes ne consiste pas à écrire mécaniquement ce que l'oreille perçoit et la pire des attitudes est celle qui consiste à se centrer sur la reproduction des propos entendus sans se soucier de les comprendre. Il n'est pas rare, en effet, que, le désintérêt ou la fatigue aidant, on en arrive à noter des phrases ou des expressions, à la suite les unes des autres, tout en pensant à autre chose ou en rêvassant. C'est au moment de l'utilisation des notes qu'on rencontre des difficultés dans la mesure où l'on se trouve face à un puzzle indéchiffrable parce qu'il manque trop de morceaux.

En effet, la prise de notes demande un effort permanent d'attention et de concentration. Il s'agit d'écouter et l'écoute est une attitude active qui met en marche un processus de réflexion. Il n'y a pas de recette pour bien écouter ; il s'agit d'un effort personnel de volonté et d'entraînement. Toutefois vous trouverez ci-après quelques conseils pratiques qui vous aideront à développer une écoute efficace dans les diverses situations envisagées.

— Un savoir préalable facilite la compréhension et l'attention.

Si le cours ou la conférence auxquels vous assistez s'inscrivent dans un cycle, pensez à reprendre vos notes de la séance précédente ; cette transition vous aidera à entrer dans le nouveau sujet. Sinon, et si vous en avez la possibilité, documentez-vous un minimum avant un cours ou une conférence sur les thèmes qui seront abordés.

Une information minimale vous permettra, en effet, d'avoir dans l'esprit des points de repère qui vous aideront à assimiler le message et à le percevoir dans sa globalité. Dans le cadre d'un débat, il vous est conseillé de vous renseigner sur les protagonistes. Quant au cas de la réunion, il est important que vous vous prépariez psychologiquement à cette situation et que vous preniez lecture de tous les documents que le responsable a jugé bon de vous faire parvenir.

Si vous êtes déjà imprégné des sujets traités, vous serez plus réceptif aux propos que vous entendrez et les noterez avec plus de rapidité et de concision.

— Il faut être attentif à tous les éléments qui vous permettent de repérer les structures et articulations des discours et échanges.

Certes, tous les orateurs ne se préoccupent pas d'aider leurs auditeurs à mieux recevoir et noter leurs messages et certains ont plutôt tendance à les perturber en accumulant digressions, retours en arrière, ou tout simplement en oubliant de structurer leurs interventions. Cependant certains d'entre eux, lors de cours magistraux ou de conférences, s'attachent à guider leur public à travers la logique de leurs développements.

De nombreux repères vous sont alors proposés qui permettront à vos notes d'avoir un sens.

Montrez-vous attentif :

- à l'introduction ;
- aux transitions ;
- à l'annonce du début ou de la fin d'une partie ou d'une sous-partie,

bref, à tous les éléments du discours qui traduisent un souci d'articulation.

Dans les cas de réunions ou de débats, l'alternative est la même : soit vous vous trouvez confronté à une situation confuse et inorganisée où les thèmes fusent à l'envi selon l'inspiration et la combativité des participants ; soit le meneur de jeu, l'animateur en l'occurrence, maîtrise bien la situation.

La réalité est souvent à l'intermédiaire de ces deux tendances.

Là encore vous pouvez trouver certains repères pour étayer vos notes :

- l'ordre du jour ;
- les synthèses partielles par lesquelles l'animateur fait régulièrement le point sur la progression des échanges.

Ainsi les différents thèmes abordés sont mis en évidence et une certaine logique peut être retenue qui confère une signification aux notes prises.

Le même type de phénomène se retrouve dans la situation d'entretien où des aspects différents que vous devrez recenser dans leur diversité sont traités successivement.

Nous avons répertorié ci-dessus les points de repère utiles à la prise de notes dans le cas d'une situation d'expression orale.

Nous étudierons ultérieurement l'exploitation de ces articulations dans chacun des contextes que nous avons retenus.

## Choisir une situation dans l'espace propice à la prise de notes

Pour pouvoir prendre des notes aisément vous aurez besoin d'un certain confort : bien entendre, bien voir, pouvoir écrire sans acrobatie, pouvoir poser votre ordinateur et taper facilement sur votre clavier.

Cela peut paraître une lapalissade que de vous conseiller de choisir un endroit où vous êtes sûr de bien entendre la (ou les) personne(s) qui parle(nt). Pourtant, lorsque l'on considère la mauvaise sonorisation des salles de conférences, ce n'est pas une précaution inutile.

Il est, en même temps, indispensable que vous puissiez voir la personne dont vous devez noter l'intervention car pouvoir suivre le mouvement de ses lèvres, les nuances de son visage, ses gestes, facilite la compréhension et l'intégration de ses propos. Il est également important que vous puissiez lire ce qu'elle écrit sur le tableau ou tableau-papier, les transparents si elle utilise le rétroprojecteur ou les images émises par le vidéo-projecteur.

De même, dans un entretien, un face à face net et franc permet à chacune des deux personnes concernées de communiquer avec l'autre par son visage (regard, sourire, marques d'approbation ou de dénégation...) et de nuancer la portée des propos entendus.

Quant à la réunion, il est désormais coutumier de disposer les tables de telle sorte que tous les participants puissent se voir et, comme pour la conférence, avoir un accès facile au tableau ou à l'écran.

Dans certaines circonstances où la parole est peu audible, il faut oser demander à ceux qui s'expriment faiblement de parler plus fort, faute de quoi toute la situation d'échange se trouverait bloquée.

## Déterminer ses besoins dans la prise de notes

Comme nous l'avons expliqué précédemment, la teneur des informations consignées par les notes dépend de l'utilisation prévue et du destinataire final.

Soyez donc très au clair avec ces données pour orienter votre écoute et prendre des notes d'une façon opérationnelle.

Exhaustivité ou sélection par rapport aux propos entendus, c'est un choix que vous devez avoir fait préalablement, car la concentration que nécessite la prise de notes et la course contre la montre qu'elle impose ne vous laissent pas la latitude de vous poser ce type de questions en situation.

Cette réflexion préparatoire vous permettra, éventuellement, d'élaborer des supports adéquats tels que les fiches thématiques.

## S'entraîner à prendre des notes

Il n'y a pas de secret, plus vous aurez pratiqué la prise de notes, plus vous aurez identifié et corrigé vos maladresses, plus vous serez à l'aise dans cette pratique. Il est donc important pour vous de procéder à un travail d'analyse sur la manière dont vous vous y prenez et pour cela nous proposons l'exercice suivant.

### Évaluez votre manière de prendre des notes

*Assurez-vous la collaboration d'une ou plusieurs autres personnes également soucieuses de se perfectionner dans cette pratique.*

*Choisissez ensemble une situation dans laquelle vous êtes habituellement amenés à prendre des notes. Faites un enregistrement intégral, il vous servira de point de référence objectif lors de la confrontation de vos écrits.*

Prenez vos notes comme vous le jugez bon. Puis comparez-les avec celles de votre (vos) partenaire(s) en vous centrant sur :

- la quantité des informations retenues ;
- la nature de ces informations ;
- le contenu accordé à chaque aspect abordé ;
- l'importance relative attribuée à certaines données ;
- les points restés obscurs ;
- la lisibilité des notes pour soi, pour les autres.

Vous constaterez la dimension subjective de la prise de notes et comprendrez vos propres tendances à sélectionner ou transformer les propos entendus.

Une seconde phase de cet entraînement consiste à reprendre l'enregistrement et à repérer, a posteriori, l'écart entre le discours réel et les notes qui sont censées le consigner.

Une telle expérience permet de tirer un certain nombre de renseignements sur votre pratique :

- Avez-vous noté l'essentiel ? Les détails ?
- Avez-vous transformé les propos ?
- Avez-vous consigné les articulations logiques ?
- Vous relisez-vous facilement ?
- Avez-vous tiré tout le parti possible des propos entendus ?

À l'issue de ce travail de confrontation de vos notes avec celles d'autres personnes et avec la situation d'expression elle-même, vous êtes à même de faire un diagnostic sur vos points forts et vos points faibles. À vous de valoriser les premiers et de corriger les seconds !

# Écrire d'une façon efficace

## Bien consigner ce qui n'est pas mémorisable

Certaines informations ne peuvent être facilement mémorisées et doivent être notées avec précision.

Il s'agit de données chiffrées, de noms propres, de dates.

En effet de nombreux domaines d'expression sont nourris de statistiques, d'indices, de quotas, d'évaluation de biens, de populations... Certaines démonstrations font appel à des schémas, des tableaux que le conférencier va commenter après les avoir inscrits sur un tableau.

Toutes ces informations seront notées avec précision ; et même si, pendant le développement, vous avez le sentiment que tous les chiffres ou tous les noms ne sont pas utiles, il est préférable de les retranscrire et de les supprimer éventuellement à la relecture.

Il importe également, dans le cas d'une démonstration, d'en noter les différentes étapes. En effet l'erreur fréquente est de penser que, si elle est claire sur le champ, sa logique restera en mémoire. Dans la prise de notes de cours de mathématiques par exemple, la tendance est grande de n'écrire que les équations qui sont inscrites sur le tableau et d'écouter, sans noter, les explications par lesquelles on passe de l'équation 1 à l'équation 2, de la 2 à la 3 etc. ; sur le champ, tout paraît limpide. Mais quelques temps après, à la relecture, ces explications sont oubliées et la démonstration devient un mystère.

## Consigner ses doutes ou ses incompréhensions

Il arrive que dans la course contre la montre que représente une prise de notes exhaustive, vous vous trouviez confronté à certaines difficultés : faute de temps, vous avez perdu le fil d'un raisonnement, vous laissez passer une information que vous jugez importante. Il ne vous est pas possible de résoudre ces problèmes pendant que vous écrivez, mais il est indispensable de marquer immédiatement ces doutes ou incompréhensions.

Vous pouvez laisser un blanc, souligner ce que vous pensez avoir mal compris avec un « ? » dans la marge.

Ensuite, il ne faut pas oublier de régler ces questions sitôt après, soit en interrogeant d'autres auditeurs, soit en vous reportant à des sources écrites. Vous pouvez encore, si c'est possible, interroger l'auteur des propos mal compris.

## Noter le maximum d'informations… en un minimum de mots

Nous ne traiterons pas ici de l'utilisation d'abréviations que nous développerons à la fin de l'ouvrage (voir en annexes). Toutefois, il faut remarquer que dans la prise de notes exhaustive, elle trouve sa plus grande justification. En effet, lorsqu'il s'agit de garder pour mémoire des réflexions personnelles passagères ou de prendre des notes à partir de supports écrits, on a toujours la latitude, si on veut y mettre le temps, de se passer d'abréviations. Dans le cas qui nous préoccupe ici, c'est impossible ! Il faut éliminer tout le superflu et ne conserver que les mots porteurs de signification… sans aller toutefois jusqu'à une économie qui aboutisse à une succession de termes dénués de sens.

Pour être performant, il n'y a qu'un moyen vraiment efficace : S'ENTRAÎNER. Vous acquerrez une rapidité d'écriture à force de vous contraindre à écrire vite. Vous obtiendrez des notes lisibles *a posteriori* à condition de corriger vos travers au fur et à mesure que vous les détectez !

### Se défaire du mot à mot

Prendre en notes la totalité d'une intervention orale ne signifie pas qu'il vous faille écrire mot à mot ce que vous entendez. Cette démarche fait appel à une attitude active, c'est-à-dire au résumé et à la synthèse.

Il est en effet possible de consigner un développement oral, sans en modifier le sens, en résumant immédiatement les propos entendus. Cela vous demandera une attention profonde et une mobilisation totale de la pensée pour traduire ce contenu en un discours réduit.

Là encore, l'improvisation n'est pas la solution : il vous est conseillé de vous entraîner à une gymnastique intellectuelle grâce à laquelle cette aptitude pourrait devenir une habitude.

### Exercice

RÉSUMER DANS LA VIE QUOTIDIENNE

*La vie quotidienne procure, à qui veut s'entraîner au résumé, de nombreuses occasions de le faire. Vous entendez, à la radio ou à la télévision, des discours, des interviews, des conférences, des débats ; ce sont des supports faciles à utiliser pour vous entraîner mentalement à faire des résumés. Cela correspond à une situation réelle d'écoute... et ce travail ne vous fera pas perdre de temps.*

Cependant il faut éviter de tomber dans le travers de la concision excessive qui occulterait certains aspects importants du discours. En effet, au moment même où on résume une intervention orale, on a en mémoire la version intégrale que l'on vient d'entendre ; donc on associe facilement à la version résumée la totalité des propos. Mais, avec la distance, le souvenir s'estompe, les associations d'idées diminuent... et le résumé ne signifie plus strictement que ce que l'on a consigné.

## Avoir recours à des tableaux, schémas, graphiques

### *La mise en tableaux*

Qu'il soit à une entrée (verticale) ou à double entrée (verticale et horizontale), le tableau est une visualisation concise de multiples données. Il permet à la fois de consigner les informations à retenir et de les mettre d'emblée en relation de façon à faire apparaître des points de convergence ou de divergence, des évolutions.

Quand peut-on, lorsque l'on prend des notes à l'oral, décider de recourir à la présentation en tableaux ?

Certes, on n'a pas dans ce contexte-là le recul qu'offre le texte écrit, par rapport auquel on décidera *a posteriori* que le tableau est un bon outil de transcription des données. Face à un orateur, il convient d'être attentif aux démarches qu'il annonce ; s'il fait correctement son intervention, il prévient en quelque sorte ses auditeurs qu'il va procéder à une comparaison ou énumérer des données chiffrées.

Ainsi prenons par exemple l'évolution du chômage au cours d'une année. On pourra noter ainsi les chiffres :

| Mois | Nbre de chômeurs |
|---|---|
| Janvier | |
| Février | |
| Mars | |
| Avril | |
| Mai | |
| Juin | |
| Juillet | |
| Août | |
| Septembre | |
| Octobre | |
| Novembre | |
| Décembre | |

On peut, sur le même thème, procéder à une comparaison :

Ex. : Pourcentage de chômeurs par rapport à la population à des périodes données.

| % | FRANCE | Allemagne | G.B. | E.U. |
|---|---|---|---|---|
| 2003 | – | – | – | – |
| 2004 | – | – | – | – |

Les tableaux ne sont pas strictement réservés à la notation de chiffres ; ils permettent également de retenir des informations plus complexes.

Ex. : Les problèmes des immigrés en France.

| Domaines | Manifestations | Causes | Solutions possibles |
|---|---|---|---|
| Économique | –<br>–<br>– | –<br>–<br>– | –<br>–<br>– |
| Familial | | | |
| Culturel | | | |
| …… | | | |

***Le graphique, la courbe, le schéma***

Il est possible, à force d'attention, de comprendre à un moment précis d'une intervention orale que des données chiffrées vont être communiquées ; le recours au graphique ou à la courbe présente, outre l'avantage de la concision (une grande quantité de chiffres dans une petite surface), la possibilité de visualiser les relations entre les différentes données.

Quant au schéma, il permet de visualiser d'une façon dynamique un système de relations.

Par exemple un cours sur la communication pourra se traduire par le schéma suivant, plus ou moins enrichi, selon le niveau de l'apprentissage.

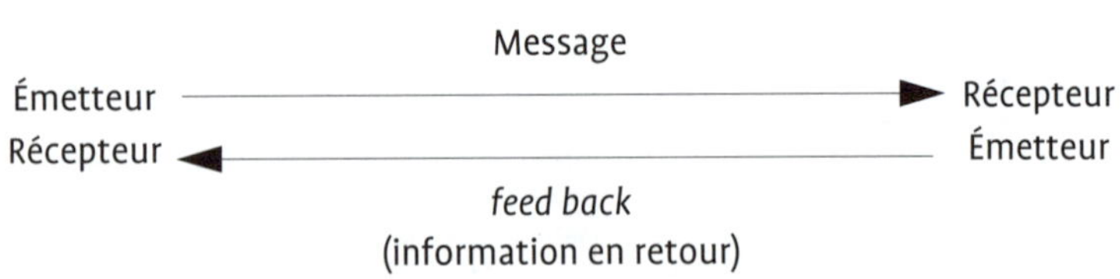

Ou bien

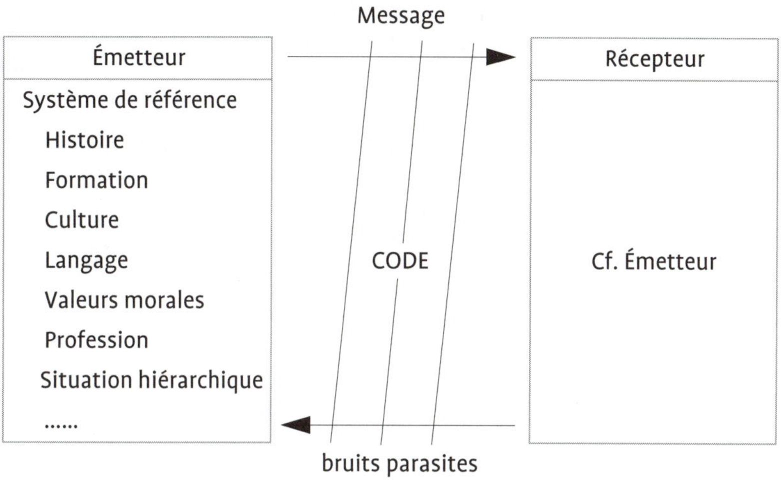


Nous ne développerons pas plus en détail, dans le présent chapitre, les possibilités de représentations non verbales.

Nous renvoyons le lecteur au chapitre 7 dans lequel nous avons exposé plusieurs systèmes de représentations graphiques du discours.

## Savoir exploiter ses notes

Quelle que soit l'utilité des notes que vous avez prises, il est fortement conseillé de les reprendre dans un délai assez bref pour les relire, les clarifier, les compléter, mettre en évidence graphiquement les points clefs, voire les recopier en leur donnant la clarté du texte rédigé. Cette démarche est importante car la mémoire de propos entendus depuis peu de temps permet de pallier certaines lacunes, de réintroduire des liens logiques, de détailler une anecdote ou un exemple dont on avait fait mention rapidement.

Bref, redonner une forme à un texte télégraphique et codé permet de l'utiliser ultérieurement et de l'exploiter plus facilement.

Car, si certaines notes sont reprises immédiatement dans le cadre de la rédaction d'articles, de comptes rendus, de procès-verbaux, d'autres sont stockées pour un usage ultérieur et, le temps passant, elles risquent d'être illisibles et incompréhensibles si on n'a pas pris soin de les clarifier.

Si vous avez eu recours à votre ordinateur, nommez clairement votre fichier et indiquez la date. Reprenez vos notes dans la même perspective que les notes manuelles selon l'usage que vous voulez en faire.

Chapitre 2

# Prendre des notes lors de cours, conférences, exposés

Nombreuses sont les situations dans lesquelles une personne – que nous appellerons par simplification l'orateur – s'exprime face à un auditoire.

Conférences de presse, cours magistraux, exposés internes à une entreprise, informations publiques, discours d'inauguration… autant d'occasions pour des journalistes, étudiants, hommes/femmes d'entreprise, associatifs, simples particuliers, de prendre en notes le contenu de propos qui les concernent.

Comment s'y prendre pour mener à bien son projet ?

Nous ne reviendrons pas sur les conseils que nous avons évoqués précédemment quant à la clarification de ses objectifs, la préparation des supports, la situation dans l'espace. Nous nous centrerons sur le comportement de la personne pendant le laps de temps où elle combine l'attitude d'écoute et la nécessité de transcription immédiate.

## S'adapter à la diversité des orateurs

La facilité avec laquelle on prend des notes dépend des qualités de l'orateur et du souci qu'il a d'aider son auditoire à tirer parti des informations qu'il apporte.

Ce sont tout d'abord ses aptitudes à parler d'une voix forte – il faut pouvoir entendre ! – et modulée qui maintiendront ses auditeurs en éveil. Nombreuses sont les interventions soporifiques qui ne font naître qu'un souci : celui de ne pas s'endormir. Quant à comprendre et noter ce qui se dit… c'est un luxe secondaire !

On ne choisit pas ses conférenciers, mais il faut s'y adapter. Et si la malchance conduit à assister à une prestation orale monocorde et peu stimulante, il faut s'accrocher et résister aux tentations de s'abstraire de la situation et de se laisser tomber dans une somnolence, bercé par le ronronnement ambiant. Se fixer sur les mots, en comprendre le sens, et tirer parti du contenu qui est transmis, c'est le seul moyen de ne pas perdre son temps.

Autre problème auquel on peut être confronté : l'hermétisme du langage employé !

En effet, certains orateurs, sans tenir compte du niveau de savoir et d'information de leurs auditeurs, emploient des termes de spécialistes sans éprouver la nécessité de les expliquer. D'autres, lancés dans leurs développements, font allusion ou référence à des événements ou des personnages dont la particularité échappe à tout profane. Que faire face à ces situations de non-savoir qui empêchent, du moins partiellement, l'intégration du message et rendent des notes fidèles totalement vides de sens ? L'attitude la plus efficace consiste en une triple précaution :

- noter les termes ou les expressions obscurs ;
- mettre un signe distinctif dans la marge, ou utiliser des caractères différents en cas de prise de notes sur ordinateur, qui attirent l'attention à la relecture (par exemple un point d'interrogation, des italiques) ;
- chercher à clarifier ce qui est confus sitôt le cours, l'exposé ou la conférence terminés, soit en interrogeant d'autres auditeurs, soit en se reportant à des supports livresques.

Une attitude active consisterait, si le contexte le permet, à interrompre l'orateur et à lui demander d'expliciter ce qui est inaccessible à son public !

Enfin, un autre travers que l'on peut rencontrer face à une intervention orale est le manque de structure repérable. Emportés par leurs propos, certains orateurs se laissent dériver vers des digressions, des retours en arrière, des anticipations, et suivant leur propre logique ils n'ont pas conscience de la difficulté qu'ont leurs auditeurs à s'y retrouver.

Face à cette situation particulièrement difficile pour une prise de notes, il n'y a pas de remède miracle. Nous ne pouvons que conseiller :

- d'écouter très attentivement ;
- d'essayer de comprendre la logique interne ;
- d'être attentif à tous les éléments du discours susceptibles d'aider à s'y repérer (annonce de thèmes, transitions...) ;
- de reprendre ses notes très vite et de reconstituer une synthèse structurée, ou de dégager les informations dont on a besoin.

Cependant il ne faut pas être pessimiste ! Dans la mesure où les gens qui ont à prendre la parole devant un groupe – quelle qu'en soit la taille – sont de plus en plus formés aux techniques d'expression orale, on peut espérer qu'un orateur consciencieux mettra tous les atouts de son côté pour se faire entendre et comprendre.

## Repérer les éléments significatifs du discours

Dans un contexte favorable, la prise de notes peut s'appuyer sur un certain nombre de repères et de supports, facilitant la compréhension et la mémorisation. Nous évoquerons ci-dessous les plus importants.

### La structuration

Selon les cas, l'orateur peut soit annoncer et inscrire sur un tableau ou projeter sur transparent ou par vidéo-projecteur le plan global de son intervention, indiquant à chaque palier où il en est, soit indiquer au fur et à mesure les parties et sous-parties qu'il aborde et en noter les titres au tableau.

La prise en notes des articulations du discours est indispensable, quel que soit l'objectif recherché. Il faut que les différentes parties abordées soient visuellement repérables sur les notes. Écrire en majuscules, entourer, souligner ou colorier – à chacun son style ! – les points de repère que représente l'annonce de chaque étape, laisser un espace entre chaque paragraphe, indiquer graphiquement (trait, astérisques...) le changement de parties, tels sont les conseils de base que l'on peut donner pour que des notes ne soient pas un magma de termes enregistrés mécaniquement, mais la représentation d'une intervention chargée de signification.

S'attacher à repérer et à noter les différentes articulations présente un double avantage :

- pendant la prise de notes, l'auditeur a une démarche active, donc réfléchit à ce qu'il écrit et en facilite la mémorisation ;
- lors de la relecture, une bonne partie du travail est faite et même si l'on se reporte à ses notes après un certain laps de temps, elles conservent leur clarté.

## Les figures de style

L'expression orale se différencie de l'expression écrite par la liberté de discours qu'elle permet. L'élaboration d'un texte écrit nécessite un strict respect de la syntaxe (construction des phrases et agencement des mots), et un travail du style qui amène à éviter les répétitions, les redondances, l'interpellation du lecteur...

Lorsque l'on parle, on a tendance, consciemment ou non, à recourir à certaines techniques dont l'objectif est d'appuyer son message.

**Soyez attentif aux répétitions, redondances : lorsque la même chose est exprimée de plusieurs façons, cela signifie souvent qu'elle est importante, il ne faut donc pas la laisser passer. Cependant il est inutile de noter les différentes versions de la même idée. Noter l'idée clairement, une seule fois, suffit ; au besoin on pourra par un signe (trait, couleur, caractère gras...) symboliser l'importance que l'orateur lui accorde.**

De même, pour illustrer une idée, une affirmation, il est souvent fait référence à des exemples concrets, à des illustrations tirées de l'actualité, de l'histoire, de la littérature... Si les éléments évoqués sont connus de l'auditeur, il est inutile qu'il en note le détail ; il se contentera, à titre de mémoire, de noter en un terme ou une expression globale ce que l'orateur aura développé.

Par exemple, il indiquera : « cf. (se reporter à) l'évolution du chômage », « cf. les élections présidentielles »... Lorsqu'il se relira, cette simple référence ramènera à son esprit l'exemple dans son ensemble.

La même démarche est conseillée lorsqu'il s'agit d'anecdotes auxquelles certains orateurs ont recours pour rendre leurs propos plus vivants.

Enfin, l'expression orale s'appuie sur des expressions propres à attirer l'attention et à susciter l'intérêt des auditeurs. Citons par exemple les tournures telles que : « il faut remarquer que », « nous ne dirons jamais assez que... », « il n'est pas inutile de rappeler que... », « il faut préciser que... »

Certes, ces éléments du discours eux-mêmes ne seront pas pris en notes, cependant les idées ou informations qu'ils introduisent seront mises en évidence par un signe graphique quelconque qui indiquera l'importance qu'elles tiennent dans la pensée de l'orateur.

### Les mots-clés, les phrases-clés

Dans tout développement écrit ou oral, certains termes, groupes de mots ou phrases tiennent une place privilégiée. Il s'agit de ce que l'on appelle les mots-clés, expressions-clés, phrases-clés.

Ces éléments du discours ont la particularité de transmettre ou traduire une information ou une idée importante par rapport à l'ensemble. C'est ce qui permet d'ouvrir (clé) à la compréhension du reste. Ce sont les termes qui caractérisent une situation particulière ; par exemple, on peut :

- parler d'une situation transitoire et développer en quoi consiste cette transition ;
- caractériser un auteur d'avant-gardiste et démontrer ensuite en quoi il est en avance sur son temps ;
- définir un régime politique de totalitaire et analyser son mode de fonctionnement interne.

De même certaines phrases, qui souvent démarrent un raisonnement, une démonstration... peuvent contenir d'une façon condensée l'idée-force que l'orateur veut faire passer.

## Que noter ?

Avant tout, le thème de l'intervention, la date, le lieu, le nom de l'orateur et sa qualification.

Mais en ce qui concerne le contenu, il n'y a pas de réponse unique à cette question.

Comme nous l'avons expliqué précédemment, tout dépend du niveau d'information que l'on a sur le sujet traité, de ses objectifs et de ses centres d'intérêt.

Pour simplifier, nous pouvons envisager les cas de figure les plus fréquents.

### Le squelette

Il est possible que l'on ne souhaite conserver de l'intervention orale qu'une idée générale, soit parce qu'on est très compétent sur le sujet traité, soit parce qu'on n'est que vaguement concerné par le thème abordé, à moins que l'on ne trouve ailleurs (livre, polycopié, revue, thèse, Internet...) le détail des idées développées par l'orateur.

Dans ce cas, toute l'attention de l'auditeur est centrée sur l'écoute et la compréhension des propos de l'intervenant ; il ne prendra en notes que le fil directeur, matérialisé par le plan suivi. Sensible aux articulations, il s'attachera à retenir les titres et les sous-titres qu'il rédigera de telle sorte qu'ils soient porteurs d'informations.

En effet, un titre peut indiquer ce dont on parle (ex. : L'organisation de l'entreprise) et ce que l'on dit (ex. : Une entreprise fortement centralisée). La dernière formulation est plus riche dans la mesure où elle indique l'annonce d'un nouveau thème et résume à l'extrême le contenu de ce thème.

Conserver d'une intervention orale un plan dont chaque titre et sous-titre sont significatifs permet ainsi, par simple lecture rapide, d'avoir une idée globale du contenu.

## La notation sélective

Lorsqu'on assiste à une conférence, à un cours, à un exposé, on n'est pas nécessairement intéressé par tous les aspects qui sont traités par l'orateur. Cela ne signifie pas qu'il ne faille pas écouter l'ensemble de l'intervention orale, mais les notes que l'on prendra ne seront représentatives que d'une partie du développement. Que faire dans ce cas ?

Même si l'on ne s'attache qu'à un (ou quelques) aspect(s) du discours, il est conseillé d'en noter le plan global pour situer la logique de la démarche.

Quant au contenu à prendre en notes, il sera plus ou moins exhaustif selon le niveau de connaissance et l'objectif de la personne concernée. Les questions de méthode qui se posent ici rejoignent celles que nous développerons dans le paragraphe suivant.

## La notation exhaustive

Dans la plupart des cas, c'est l'ensemble des propos jusque dans leurs moindres détails que l'on ressent le besoin de conserver par l'intermédiaire des notes.

## 2. Lors de cours, conférences, exposés

L'étudiant en cours magistral acquiert le savoir, donc, *a priori*, il lui faut noter le maximum d'informations s'il n'a pas d'autre support équivalent à sa disposition. Le salarié d'entreprise auquel on présente un nouveau produit, une organisation des services différente de celle qu'il connaît, etc., aura besoin de notes précises pour éviter les défaillances de sa mémoire. Le stagiaire en formation, découvrant de nouvelles méthodes de travail et de pensée, consignera pour s'y reporter plus tard les développements des formateurs, à moins que ceux-ci n'aient prévu des supports pédagogiques couvrant l'ensemble de leurs apports.

Nous pourrions encore évoquer des situations où celui qui écoute ressent le besoin de tout noter, soit parce qu'il veut s'approprier tout le contenu, soit parce qu'il lui faut une certaine distance pour faire le tri et que ses notes constituent la matière brute d'un travail ultérieur de décantation.

Quand on parle de tout noter, cela relève de l'utopie (sauf en sténo), dans la mesure où le temps d'écriture est beaucoup plus lent que le temps de parole.

Il s'agit surtout de garder une trace exploitable ultérieurement de toutes les informations transmises, de toutes les idées développées.

Comment peut-on avoir une efficacité maximum dans un tel projet ?

- Tout d'abord, il est indispensable de noter la structure de l'intervention.
- Noter le maximum de mots... significatifs d'un ensemble.

Dans l'inquiétude de ne pouvoir noter tout ce que l'on souhaiterait, on peut être amené à privilégier le rendement de l'écriture sur la signification des propos qu'on retient. On ne saurait donc trop conseiller d'avoir une écoute active et d'essayer de comprendre et de réfléchir en même temps qu'on écrit.

Nous ne donnerons pas ici de conseils spécifiques mais dans ce cas de prise de notes plus que dans les autres, nous renvoyons le lecteur aux pages précédentes.

Nous ferons toutefois un tableau récapitulatif sur l'ensemble des démarches propres à faciliter une prise de notes exhaustive.

## Reprendre et utiliser ses notes :

Dans bien des cas, les notes prises vont ensuite devenir une « matière » à travailler pour s'en imprégner et se les approprier. C'est le cas en particulier pour l'étudiant.

Aux États-Unis, la méthode la plus connue de prise de notes est le système Cornell, diffusé dans de nombreuses universités. Il repose sur une division de la page en deux ( une marge et un espace d'écriture des notes) et sur les « 5 R »

- *Record* : rédiger les notes pendant le cours sur la partie principale de la page ,
- *Reduce* : réduire ou résumer ensuite le contenu à partir de quelques mots-clés dans la marge,
- *Recite* : réciter les notes, sous différentes formes (lecture à haute voix des mots-clés ou des notes intégrales, recherche du contenu détaillé à partir des mots-clés en cachant le texte principal).
- *Reflect* : réfléchir sur le contenu des notes en le reliant à ce que l'on sait déjà par ailleurs, en se forgeant une opinion ou une appréciation critique argumentée à son sujet.
- *Review*: reprendre et revoir ainsi ses notes régulièrement, aussi long-temps que nécessaire .

Sur les 5 R, quatre concernent l'après prise de notes. La "bonne méthode » pour l'étudiant c'est peut-être aussi, voire surtout, celle qui anticipe et facilite l'exploitation des notes après leur rédaction.

**RÉCAPITULATIF**

| Que faire ? | Prise de notes exhaustive | Comment ? |
|---|---|---|
| Noter le plan | Introduction<br>parties<br>sous-parties<br>conclusion | Être<br>sensible<br>aux<br>articulations |
| Noter l'essentiel | | • Repérer :<br>les mots-clés<br>les phrases-clés<br><br>• Souligner-entourer<br>les idées-force |
| Éliminer l'inutile | | Identifier les figures<br>de style de l'oral |
| Comprendre ce que<br>l'on écoute | | Pratiquer<br>l'écoute<br>active |
| Écrire le maximum de mots<br>chargés de signification | | Utiliser<br>les codes<br>et abréviations |
| Consigner les doutes<br>et incompréhensions | | Mettre<br>des repères<br>dans la marge |
| Fixer ce qui n'est pas<br>immédiatement mémorisable | | Écrire les données chiffrées,<br>dates, tableaux<br>et les noms propres |
| Indiquer ses propres idées<br>ou associations d'idées | | Mettre<br>en marge quelques<br>termes significatifs |

ENSUITE

| | |
|---|---|
| Reprendre ses notes<br>le plus tôt possible | Les relire<br>Les compléter<br>Les remanier au besoin |

Chapitre 3

# Prendre des notes lors d'un entretien

# Cerner le contexte de l'entretien

Comment prendre des notes lors d'un entretien ?

Pour répondre à cette question, il convient au préalable de bien cerner la situation dans laquelle on se trouve.

## À quel type d'entretien se trouve-t-on confronté ?

S'agit-il :

- d'un recueil d'informations ;
- d'une étude ou enquête ;
- d'un entretien d'embauche ;
- d'un entretien d'évaluation ;
- d'un entretien de vente ;
- d'un entretien d'échange d'informations ;
- d'un entretien de résolution de problèmes professionnels ;
- etc.

### Comment se déroule l'entretien ?

Il peut, en effet, s'agir d'une relation où l'un des partenaires interroge l'autre. Ce meneur des échanges, que nous nommerons par commodité interviewer, peut avoir recours à différentes méthodes :

- entretien avec questionnaire ;
- entretien : directif, semi-directif, non-directif.

Mais, dans le cas d'entretiens professionnels, la répartition des rôles est plus informelle, et la responsabilité de l'efficacité des échanges est partagée.

Il convient ici de citer un type particulier de communication : l'entretien téléphonique.

Enfin, le nombre de personnes concernées (deux ou plus dans le cas de l'entretien de groupe) va jouer un rôle dans la façon dont seront prises les notes : il sera, en effet, parfois nécessaire d'individualiser les propos que l'on retranscrit.

### À quoi serviront les notes ?

Nombreuses sont les utilisations possibles de notes prises pendant un entretien.

Elles peuvent être d'une utilité immédiate et servir de repère pour la progression des échanges.

Par exemple :

- l'interviewer note un point précis pour le relancer plus tard,
- l'un des partenaires note une idée qu'il désire contredire ou approfondir plus tard,
- etc.

Les notes peuvent aussi permettre de garder trace de l'entretien, voire de rédiger un compte rendu.

## L'entretien est-il enregistré ?

Si l'on a la possibilité de conserver la mémoire complète des propos exprimés, le travail de prise de notes à proprement parler interviendra une fois l'interview terminée, lors de l'écoute de la bande.

Cela n'exclut pas la nécessité de prendre des notes pour faire progresser l'entretien, et la possibilité de consigner par écrit les points-clés.

## Une situation de face à face

Quelle que soit la réponse à ces questions, dont dépendra la stratégie de prise de notes, il est une constante dont il faudra toujours tenir compte : la dimension relationnelle qui existe entre les partenaires de l'entretien.

Abstraction faite de l'entretien téléphonique où seule la voix intervient dans le processus de communication, il s'agit en général d'un face à face entre deux personnes, ou entre un individu et un très petit nombre d'interlocuteurs. Dans une telle situation, le contact visuel est un atout fondamental dont peut dépendre l'efficacité des échanges. Or, on ne peut pas à la fois regarder son interlocuteur et garder les yeux fixés sur une feuille de papier pour y transcrire les propos retenus. En écrivant trop, l'interviewer prend un double risque : il perd le contact avec l'interviewé et il le bloque dans son expression. En effet, intrigué, voire impressionné, par ce qu'écrit son vis-à-vis – et qu'il essaie quelquefois de déchiffrer à l'envers ! – il prend conscience que tout ce qu'il dit peut être retenu contre lui.

### Alors, que faire ?

**S'entraîner à une gymnastique visuelle qui consiste à déplacer rapidement son regard de la feuille de papier sur laquelle on écrit vers son interlocuteur, de telle sorte que ce dernier ne se sente pas délaissé au profit des notes.**

D'autre part, il vaut mieux éviter de prendre des notes exhaustives, comme on le fait lors d'une conférence.

Et si, pour faciliter le travail, on a prévu de consigner les réponses dans un cadre préétabli, il n'est pas interdit de laisser à l'interviewé la possibilité de voir le support qui sera utilisé. Si son inquiétude est ainsi désamorcée, il intégrera dans son mode d'expression la nécessité qu'a l'interviewer de transcrire ses réponses.

Ces précautions ayant été définies, il convient de se centrer sur les différentes variables qui vont déterminer les stratégies possibles de prise de notes lors d'un entretien.

# L'entretien de recueil d'informations

Dans les cas où le but de l'entretien est de permettre un recueil d'informations, qui peut être bilatéral, la stratégie de la prise de notes peut présenter deux aspects essentiels.

## Des centres d'intérêt déterminés à l'avance

On est intéressé par un ou plusieurs aspects bien définis dans le contenu des propos que peut tenir l'interlocuteur. La prise de notes sera alors partielle et sélective.

Dans la mesure où ces centres d'intérêt sont connus à l'avance, il est conseillé de préparer les supports de prise de notes.

En effet, un certain nombre d'entretiens font partie du fonctionnement normal de l'entreprise : embauche, évaluation, contact avec les clients... On peut alors faire imprimer des fiches comportant les thèmes retenus, sur lesquelles au fur et à mesure du déroulement des échanges, il sera facile de noter rapidement et de façon ordonnée, les réponses recueillies.

Nous prendrons comme exemple, ci-après, une grille d'appréciation, remplie lors d'un entretien dit d'évaluation, qui se déroule entre un salarié et son supérieur hiérarchique.

À chacun de l'adapter à sa situation spécifique.

**GRILLE D'APPRÉCIATION**

1 - Situation personnelle

Nom
Prénom
Direction
Service
Catégorie professionnelle
Date d'entrée dans la société

FONCTION :
Depuis le :
– Niveau subordonné immédiat
– Effectif total des personnes supervisées

| | |
|---|---|
| Date :<br>Nom du responsable<br>Signature | Date :<br>Nom du responsable<br>Signature |

2 - Résultats

| Résultats par rapport aux objectifs | Appréciation (A → E)<br>Commentaires |
|---|---|
| 1) | |
| 2) | |
| 3) | |
| Commentaires de l'Intéressé | |

Chaque rubrique pourra donner lieu à une notation allant de
A (réussite exceptionnelle) à E (nettement insuffisant)
C correspondant à la moyenne (performance conforme aux objectifs).

3 - Performances individuelles

(recensement de rubriques correspondant aux qualités inhérentes à la fonction)

SYNTHÈSE

| Synthèse | Propositions d'actions |
|---|---|
| Points forts : | Actions envisagées |
| Points faibles : | Actions envisagées |
| Appréciation globale<br>A \| B \| C \| D \| E | Formation éventuelle |

etc.

De la même façon, dans le cadre d'interviews de recherche, d'études ou de diagnostic, l'équipe – ou l'individu – peut, à partir de l'analyse thématique envisagée, préparer un support de prise de notes, réservant des espaces aux différents thèmes prévus.

Le fait qu'il existe un cadre préétabli pour consigner les éléments retenus ne supprime pas, cependant, la possibilité de compléter cette démarche en notant des éléments auxquels on n'aurait pas pensé !

## À la découverte de l'autre

Dans certains types d'interviews, notamment lorsqu'ils sont menés de façon non-directive[4], il n'est pas possible de prévoir la manière dont la personne interrogée va réagir au thème proposé. En effet le propre même de cette méthode d'enquête est de permettre à l'interviewé de développer ses propos selon sa logique personnelle, sans contrainte, sans rupture, sans risque d'évaluation, l'interviewer ne se faisant que l'écho de ses propres paroles. Ainsi dans le cadre d'une enquête concernant plusieurs interviewés, on constatera qu'ils abordent des thèmes souvent très différents, même s'ils ont été sollicités par la même question.

Il est courant, dans un tel contexte, d'avoir recours à un enregistrement sur magnétophone. Dans ce cas, on ne prend pendant l'interview que des notes concernant certains aspects que l'on pourrait relancer en cas de silence. Ce n'est qu'*a posteriori* que l'on pourra reprendre le dépouillement du contenu en écoutant et en retranscrivant la bande.

Au cas où il ne serait pas possible d'enregistrer l'entretien, il faut être conscient qu'on doit faire, en même temps qu'un travail d'écoute, un gros effort de mémorisation qu'une prise de notes pertinente peut rendre efficace.

### Comment s'y prendre ?

**NOTER :**

- **les thèmes abordés (mettre en évidence, souligner, entourer) ;**
- **les mots-clés, et expressions-clés concernant chacun des thèmes ;**
- **des phrases concises de synthèse au fur et à mesure que certains aspects sont traités.**

**LAISSER DE L'ESPACE à chaque fois qu'on a l'impression qu'un thème a été épuisé, car dans la logique de son discours, l'interviewé peut y revenir.**

**Et surtout REPRENDRE SES NOTES sitôt l'entretien terminé, pour les compléter par toutes les informations qu'on a encore en mémoire !**

## L'entretien de résolution de problèmes

Dans le cadre des activités professionnelles quotidiennes, on est souvent amené à travailler avec un collaborateur de sa propre entreprise ou avec un partenaire extérieur pour résoudre des problèmes précis. Chacune des deux personnes en présence détient des informations personnelles, possède sa propre version du problème, a des objectifs dont va dépendre sa façon d'aborder et de résoudre les problèmes.

# Savoir prendre des notes

La prise de notes, dans un tel contexte, va présenter une double fonction selon l'objectif qu'elle sert.

## Des notes pour aider le déroulement de l'entretien

Au fur et à mesure que les échanges se déroulent, chacun des partenaires recueille l'avis de l'autre, enrichit ses informations, trouve des idées nouvelles, perçoit d'autres aspects du problème...

Chacun va ainsi prendre des notes qui l'aideront à faire progresser la discussion.

Que noter dans ce cas ?

- des informations ou des données dont on n'avait pas connaissance ;
- des points à faire expliciter par l'autre au moment opportun ;
- des aspects que l'on conteste et sur lesquels on veut présenter ses arguments à l'autre ;
- des points acquis, des éléments d'accord ou des synthèses partielles.

Bref, les notes prises en cours d'entretien permettent de retenir des points qui se sont avérés importants à un moment donné et qu'on risquerait d'oublier, pris dans la dynamique des échanges.

## Des notes pour garder la mémoire des échanges

L'un et l'autre partenaire de l'entretien peuvent souhaiter garder une trace écrite des échanges, soit pour leur propre usage, soit pour rédiger un compte rendu destiné à informer d'autres personnes.

La nature et la quantité des notes prises va dépendre donc de l'objectif visé et de l'attente du (des) destinataire(s) éventuel(s).

Sans entrer dans le détail de toutes les possibilités, nous pouvons retenir deux tendances :

# 3. Lors d'un entretien

1/On ne prend en notes que le résultat de l'entretien, c'est-à-dire :

- la solution retenue pour résoudre le problème posé ;
- les modalités d'action prévues pour mettre cette décision en pratique.

2/On prend des notes durant toutes les phases de l'entretien, et on les organise dans l'espace de façon à mettre en évidence les différentes étapes par lesquelles passe une discussion-résolution de problèmes :

> 1 – FORMULATION DU PROBLÈME
>
> 2 – ANALYSE DE LA SITUATION
>
> 3 – RECHERCHE DE SOLUTIONS
>
> 4 – DÉCISION :
>
> – LA SOLUTION RETENUE
>
> – LES MODALITÉS DE MISE EN ŒUVRE

Ce plan de travail que nous conseillons pour la prise de notes sera d'autant plus efficace que les partenaires de l'entretien l'auront adopté pour structurer leurs échanges. Il servira également de trame pour le compte rendu si celui-ci doit être exhaustif.

Quel que soit le contexte de l'entretien et la nature des échanges, il importe de noter la date, le nom et la fonction des personnes concernées ainsi que l'objectif de la rencontre.

## Des notes objectives ou subjectives ?

Que l'on participe à un entretien de résolution de problèmes ou de recueil d'informations, on n'est pas neutre par rapport aux propos que tient l'autre ; et même si l'on n'exprime pas ses sentiments, on réagit intérieurement : on est d'accord ou non, on ressent de la sympathie ou de la colère, de l'admiration ou du mépris... Dans la mesure où l'on a une certaine maîtrise de soi, ces implications personnelles ne transparaissent pas. Mais est-on sûr qu'elles ne vont pas teinter les notes que l'on prend ; échappe-t-on à la tendance qui consisterait à :

- ne noter que ce que l'on apprécie ;
- nuancer ou transformer les propos de l'autre ;

- consigner à la fois le contenu des dires de l'autre et ce qu'on en pense sans séparer l'un et l'autre aspects ;
- ne retenir que ce qui peut permettre de "coincer" l'autre ;
- accorder plus d'importance à sa propre vision d'un problème qu'à celle du partenaire ?

Ces tentations dont on n'est pas conscient sur le moment risquent de rendre les notes inutilisables dans la mesure où elles ne seront qu'une trace incomplète, voire partiale, d'une situation précise.

Comment éviter ce problème ?

- En abordant la prise de notes avec la volonté de maîtriser l'incidence de ses réactions personnelles,
- en séparant l'espace de la feuille en deux parties, l'une étant réservée au contenu des propos retenus, l'autre aux réactions qu'ils suscitent (idées nouvelles, sentiments personnels, questions qui se posent...).

| **Propos tenus** | **Réactions** |
|---|---|
| | |

Cette précaution permet en outre une exploitation plus riche des notes dans la mesure où certaines idées qu'on a eues en réaction immédiate aux propos de l'autre risqueraient d'être oubliées *a posteriori*.

## Un cas particulier : l'entretien téléphonique

Globalement, la prise de notes lors d'un entretien téléphonique présente les mêmes variables que celles que nous avons évoquées ci-dessus.

Cependant sa spécificité amène à évoquer quelques nuances.

Tout d'abord, le fait que l'interlocuteur ne soit pas dans le même espace permet de prendre autant de notes que l'on souhaite et de ne pas détacher son regard de sa feuille de papier. Il y a donc une plus grande liberté d'écriture et un maniement plus aisé des supports pour le cas où on aurait à utiliser plusieurs fiches.

Il est, d'autre part, un type de prise de notes lors d'un contact téléphonique, celui qui consiste à laisser un message à une tierce personne. Dans ce cas, la plupart du temps on dispose de feuillets tout prêts, sur lesquels les rubriques essentielles sont prévues :

- qui a appelé qui ?
- date, heure ;
- raisons de l'appel ;
- consigne : rappeler X à telle heure, à tel numéro.

Pour le cas où le correspondant laisserait un message détaillé, il convient de noter les éléments importants pour le destinataire et d'être précis s'il est fait mention de dates, de références, de numéros de facture, d'adresses, de numéros de téléphone... et si on n'a pas eu le temps de noter correctement, il est prudent de demander à son interlocuteur de répéter. Une fois la communication terminée, il peut être utile de rédiger d'une façon plus claire les notes qui ont été prises pour qu'elles soient facilement comprises par le destinataire du message.

**RÉCAPITULATIF**

OBJECTIF(S) DE L'ENTRETIEN ? → NATURE DES NOTES
UTILITÉ DES NOTES → QUANTITÉ DES NOTES

PRÉVOIR DES SUPPORTS DE PRISES DE NOTES

RESTER IMPARTIAL DANS LA PRISE DE NOTES

NOTER SES RÉACTIONS SÉPARÉMENT

# Chapitre 4

# Prendre des notes pendant une réunion

Les occasions de participer à des réunions sont fréquentes tant dans le cadre de la vie professionnelle qu'au sein d'activités associatives.

Sans entrer dans le détail de toutes les situations possibles, citons pour mémoire, celles que l'on vit le plus fréquemment dans l'entreprise :

- la réunion de travail ;
- la réunion d'information ;
- le groupe de formation ;
- le groupe de projet.

Quant aux réunions auxquelles astreignent les engagements personnels, elles concernent des domaines divers : militantisme politique ou syndical, associations de parents d'élèves, de copropriétaires, de locataires, associations sportives, culturelles, etc.

Nous arrêterons ici la liste que chacun complétera à sa guise ! Mais quel que soit le contexte auquel on se réfère, il convient de poser certaines questions avant de déterminer une stratégie de prise de notes – si l'on envisage d'en prendre !

## Définir son implication dans la réunion

On ne peut donner des consignes uniformes en ce qui concerne la prise de notes en réunion dans la mesure où cette démarche dépend du rôle qu'on y tient et des responsabilités qu'on s'y est vu confier. Il est sûr que l'animateur-coordinateur des échanges, et le secrétaire de séance probablement chargé de l'élaboration du compte rendu, auront des comportements particuliers dans le groupe en ce qui concerne la prise de notes, dans la mesure où leurs tâches y sont spécifiques.

Nous verrons ultérieurement quelles solutions s'offrent à eux.

Quant aux autres participants, ils détermineront leur stratégie en fonction de leurs centres d'intérêt, des comptes qu'ils doivent rendre éventuellement à leurs collaborateurs ou responsables, leurs électeurs ou leurs adhérents... en veillant à ne pas émailler leurs notes de leurs réflexions personnelles.

Enfin, le fait que soit publié ou non un compte rendu ou un procès-verbal de la réunion peut dispenser de prendre des notes... dans la mesure où l'on fait confiance au secrétaire-rédacteur. Dans le cas contraire, des notes claires peuvent permettre de vérifier l'exactitude du document qui est publié comme représentatif des échanges de la réunion.

## L'animateur de la réunion et la prise de notes

Le rôle de l'animateur est d'amener le groupe à atteindre ses objectifs et donc de veiller à la bonne progression des échanges. Attentif aux propos de chacun, il distribue la parole, reformule les idées des uns et des autres, fait des synthèses à chaque fois qu'une étape est franchie ou qu'il convient de faire le point sur un problème. Nanti de tant de responsabilités, contraint de ne pas rompre le contact visuel avec le groupe, en attitude d'écoute permanente, l'animateur ne peut pas prendre beaucoup de notes. Il concentrera donc son effort dans une double direction.

### Prendre des notes à usage personnel

Dans la mesure où il ne peut rompre la dynamique du groupe en intervenant à tout moment pour faire expliciter une prise de position, relever une contradiction... il va noter les propos qui retiennent son attention et les exploiter au moment où il le jugera opportun. Il consigne au fur et à mesure, d'une façon concise – en ayant éventuellement recours aux tableaux ou schémas – les éléments à partir desquels il construira ses synthèses partielles ou sa conclusion finale.

Mais les notes ne doivent pas trop le mobiliser car il risque de s'éloigner ainsi de l'attitude d'écoute et perdre le contrôle de son groupe.

## Prendre des notes pour le groupe

Pendant que se déroule la réunion, il est indispensable qu'à certains moments stratégiques, ou en permanence, quelqu'un prenne des notes sur un tableau (de préférence un tableau-papier dont les feuilles se conservent), de telle sorte qu'elles soient lisibles par tout le groupe. Ce responsable de la prise de notes collective peut être l'animateur, mais cette charge risque de le détourner de l'animation à proprement parler et de lui faire perdre la maîtrise des échanges. Il est possible de confier cette fonction à un participant – pourvu qu'il écrive lisiblement ! – qui devra travailler ainsi en coordination avec l'animateur.

## À quoi servent ces notes ?

Elles ont l'avantage d'être soumises à l'ensemble du groupe, qui peut :

- y voir un reflet de sa progression ;
- préciser ou contester la reformulation officielle des échanges ;
- redémarrer, aux différentes phases de la réunion, sur des bases communes à tous.

Clarification, reformulation-synthèse, tels sont les objectifs de cette prise de notes à usage collectif. Les conséquences opérationnelles en sont la vérification régulière par l'animateur et une cohésion au niveau des participants : même s'ils ne sont pas d'accord sur les points de vue qu'ils confrontent, ils le seront sur la traduction de leurs convergences et de leurs divergences.

Autre usage non négligeable, ces notes publiques pourront servir de supports, repères ou références pour l'animateur. Elles pourront également aider le secrétaire de séance à élaborer son compte rendu.

## Que prendre en notes face au groupe ?

Il n'est pas possible de prévoir toutes les situations de l'ensemble des réunions ; c'est à l'animateur et/ou au préposé aux notes d'être attentifs aux moments-clés qui méritent d'être consignés.

Nous recenserons ci-dessous les phases essentielles dont nous pensons que la retranscription sera justifiée face au groupe... qui reçoit ainsi une sorte de reflet ou d'écho de son cheminement.

Au début de réunion, on écrira pour tous :

- l'objectif de la réunion ;
- l'ordre du jour, qu'il ait été fixé à l'avance ou élaboré par les participants en démarrant la réunion ;
- les noms des participants et leurs fonctions, lorsque ceux-ci ne se connaissent pas ;
- éventuellement l'heure de la fin de la réunion et le temps à consacrer à chacun des points de l'ordre du jour.

Tous les participants détiendront ces informations qui éviteront des pertes de temps ultérieurement.

Pendant la réunion, plusieurs situations justifient la prise de notes face au groupe.

- En cas de *brainstorming* (remue-méninges), il est indispensable de noter toutes les idées qui sont émises, sans discrimination ; c'est sur cette représentation complète de la production commune que se fera ultérieurement le travail de tri et de classement.
- Les synthèses et conclusions partielles que l'animateur est amené à faire, chaque fois qu'un point de l'ordre du jour a été traité ou lorsqu'un des aspects de la discussion a été totalement cerné, peuvent figurer sur ce tableau-mémoire du groupe. Elles ponctuent ainsi les différentes étapes en évitant les malentendus ou les interprétations fausses.
- En cas de dissension, il est utile de reprendre d'une façon claire et concise les points de vue évoqués pour les faire discuter méthodiquement.
- Chaque fois qu'il est possible de classer dans un tableau à une ou deux entrées des informations ou des conclusions émanant des échanges, le responsable de la prise de notes peut clarifier ces propos en les mettant d'emblée en relation.

Par exemple, on dégage les avantages et inconvénients de solutions possibles dans le cadre d'une étude de problèmes ; il est utile pour le groupe de visualiser cette analyse immédiatement.

| Solutions | Avantages | Inconvénients |
|---|---|---|
| Solution 1 | .................... | .................... |
| Solution 2 | | |
| .................... | | |

À la fin de la réunion, le tableau-mémoire permet de consigner la synthèse finale.

Selon l'objectif recherché, l'aboutissement sera différent : il peut en effet s'agir :

- de la liste des décisions prises ;
- du recensement des points de vue émis ;
- des noms des personnes qui ont pris certains engagements ;
- éventuellement de la date et du lieu de la prochaine réunion.

## Le secrétaire de la réunion et la prise de notes

Chargé par le groupe de prendre des notes et de préparer ultérieurement le compte rendu, celui (ou celle) qu'il est convenu d'appeler secrétaire de la réunion, est tenu de répondre à l'attente :

- des participants dont il retracera les échanges ;
- des destinataires extérieurs qu'il devra informer.

## Le contexte de la réunion et la prise de notes

C'est le secrétaire qui est responsable officiellement de la mémoire du groupe et ce sont ses notes qui conserveront la trace des différentes phases de la réunion.

Comme dans toute situation de prise de notes, c'est le contexte de travail et l'objectif recherché qui permettront d'établir une stratégie adéquate.

Ce dosage sur la quantité de notes dépendra de certains facteurs :

- Si la réunion est enregistrée, il peut ne s'en tenir qu'aux grandes lignes, le travail d'analyse de la bande permettant plus de souplesse. Sinon, ses notes et sa mémoire seront ses seuls supports !
- Selon la nature de son compte rendu, son utilisation et ses destinataires, il aura besoin de plus ou moins d'informations.
- Si la réunion est bien conduite, que l'animateur veille à faire régulièrement des reformulations-synthèses, que les moments-clés sont traduits sur un tableau-papier dont il récupérera les feuilles, le secrétaire peut bénéficier de cette démarche et consigner des contenus déjà clarifiés, concis et synthétiques.
- Si l'ordre du jour est rigoureux et respecté, il a la possibilité de prendre des notes ordonnées et de préparer des supports selon les points qui seront abordés.
- Si les échanges se déroulent calmement et sereinement, il sera plus aisé de les noter que si le climat est passionnel et conflictuel. D'autant qu'en cas de désaccord affirmé, il faudra veiller à ne pas confondre les prises de position des uns et des autres et à rendre à chacun les propos qui lui reviennent.

## Des notes pour informer

### *Des notes de quelle importance ?*

L'utilisation des notes conditionne la façon dont on va procéder. Globalement on envisage trois possibilités :

- des notes exhaustives qui consignent le détail des échanges ;
- des notes sélectives qui ne retiennent que certains aspects de la réunion : mais sur les thèmes retenus, la prise de notes est détaillée ;
- des notes centrées sur les décisions – seules informations qui intéressent les destinataires – et les moyens d'action prévus.

***Qui dit quoi ?***

La situation de réunion présente une grande différence avec les autres contextes que nous avons étudiés précédemment : les personnes qui parlent sont plus nombreuses. Chacune, au cours des échanges, exprime un point de vue personnel et il est important, lorsqu'on prend des notes, de respecter l'expression des différents participants, surtout si la situation fait émerger des oppositions d'idées, voire des conflits.

**Pour cela, il est utile de prévoir une abréviation pour désigner les participants, la solution la plus simple étant de faire correspondre à chacun une, deux ou trois lettres qui représentent les initiales du nom, prénom ou de la fonction :**

| | | |
|---|---|---|
| **Ex. :** | **F. D.** | **François Dupont** |
| | **Dr. I.** | **Directeur de l'informatique** |
| | **C.G.T.** | **le représentant de ce syndicat** |
| | **etc.** | |

***Quelle vérité consigner ?***

Avant tout, il importe de ne pas oublier des informations pratiques sur la réunion.

Il convient donc de noter :

- la date de la réunion, le lieu ;
- son objectif ;
- le nom et la fonction des participants ;
- le nom de l'animateur et du secrétaire de séance ;
- l'ordre du jour s'il y en a un officiel.

En ce qui concerne le contenu même des échanges, le secrétaire est tenu de respecter l'expression des participants et de ne pas transformer les propos en les notant. Il doit rester fidèle à ce qu'il entend et prendre garde à ne pas fausser le contenu des échanges ; les risques sont en effet de deux ordres :

- il peut être tenté de noter sa propre réaction aux propos entendus et de mêler le commentaire aux idées ;
- il risque, par des notes trop succinctes, de simplifier la complexité des échanges et de n'en conserver qu'une expression partielle lors du compte rendu.

***Comment suivre la rapidité des échanges ?***

La prise de notes en réunion présente des difficultés spécifiques par rapport à ce qui se passe dans un entretien, ou face à une personne qui prend la parole devant un auditoire.

En effet, dans la situation d'expression en groupe, le débit de la parole est souvent très rapide, surtout si les participants se passionnent pour le point de vue qu'ils développent ou s'ils s'opposent les uns aux autres. Il arrive également que les gens parlent en même temps et s'interrompent.

Il est donc nécessaire d'écouter, de comprendre, d'identifier les auteurs des interventions successives, de les noter le plus fidèlement possible, tout en restant attentif à la suite.

Et si le secrétaire de séance veut lui-même prendre la parole, il lui faut suspendre sa prise de notes... et ne pas oublier de consigner sa propre intervention.

Surmonter toutes ces difficultés nécessite un entraînement intensif :

- à l'écriture rapide et abrégée ;
- à l'écoute active des points de vue exprimés ;
- au repérage des mots-clés ;
- à la synthèse (pour reformuler de façon concise) ;
- au repérage des moments-clés : démarrage d'un nouveau thème, synthèses, conclusions ;
- à l'utilisation rationnelle de l'espace de la feuille pour mettre en évidence sous forme de tableaux : les points de convergence et de divergence, des relations de cause à effet.

Exemple : Des participants expriment des points de vue différents sur les solutions possibles d'un problème.

| Énoncé des solutions | Arguments *pour* | Arguments *contre* |
|---|---|---|
| Solution 1 | –<br>– | –<br>– |
| Solution 2 | –<br>– | –<br>– |
| ..................... | | |

- à la préparation de supports d'écriture, en prévoyant différentes feuilles selon les thèmes prévus ou selon le plan prévu.

Exemple : dans une réunion-étude de problème, il est possible de prévoir une (ou des) fiche(s) par phase prévisible de la réunion.

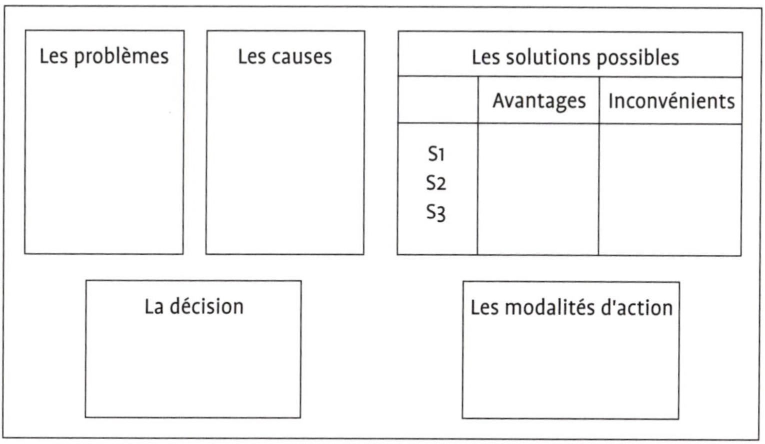

Autre exemple : il s'agit d'une réunion de copropriétaires.

<table>
<tr><th>Études<br>des charges</th><th colspan="2">L'installation<br>d'interphones</th><th>L'embauche<br>d'un jardinier</th></tr>
<tr><td>Poste n° 1<br>Poste n° 2<br>Poste n° 3</td><td>Pour</td><td>Contre</td><td></td></tr>
</table>

La préparation rationnelle des fiches de prise de notes facilite l'élaboration ultérieure du compte rendu dans la mesure où les informations sont déjà classées.

## RÉCAPITULATIF

NOTER :
- LA DATE ET LE LIEU DE LA RÉUNION
- L'OBJECTIF
- LA LISTE DES PARTICIPANTS

ADAPTER LE CONTENU DES NOTES À LEUR UTILISATION FUTURE :
- SUPPORT D'ANIMATION
- PRÉPARATION D'UN COMPTE RENDU
- MÉMOIRE PERSONNELLE

VEILLER À :
- NE PAS FAUSSER LES PRISES DE POSITION DES PARTICIPANTS
- NE PAS PERDRE DES INFORMATIONS IMPORTANTES

UTILISER LES MÉTHODES PROPRES À LA PRISE DE NOTES À L'ORAL :
- ABRÉVIATIONS
- STRUCTURATIONS
- SYNTHÈSES
- TABLEAUX-SCHÉMAS

TIRER PARTI DES AIDES PROPRES À LA SITUATION DE RÉUNION :
- LES REFORMULATIONS-SYNTHÈSES DE L'ANIMATEUR
- LES POINTS-CLÉS CONSIGNÉS SUR LE TABLEAU

# Chapitre 5

# Prendre des notes pour préparer une intervention orale

Pour intervenir efficacement dans un certain nombre de situations d'expression orale, il est indispensable d'avoir préparé sa prestation. Pour faire une conférence ou un cours magistral, pour prendre part à une réunion ou à un entretien, vous utiliserez comme support des notes personnelles dont l'efficacité dépendra de la pertinence des éléments consignés.

# Concevoir un support d'expression orale

## Des notes pour parler, non pour lire

Qui n'a pas subi la prestation d'un orateur dont la seule tâche était de lire *in extenso* un document écrit, bien rédigé, où ne manquait ni un point ni une virgule ? Pour se protéger de l'angoisse de l'improvisation, on peut être tenté de tomber dans ce travers. Or si l'on parle devant un auditoire, il faut faire vivre son texte, insister sur certains éléments, répéter les termes-clés. Faire des retours en arrière, avoir recours à la redondance, interpeller son public... Tout cela ne s'écrit pas, mais s'élabore au fur et à mesure que l'on construit son discours autour d'un contenu préparé à l'avance.

Il vous est donc formellement déconseillé de rédiger vos notes dans le détail ; vous devez les formuler en un style abrégé, presque télégraphique, sans toutefois tomber dans une simplification excessive qui les rendrait inutilisables. Nous verrons ultérieurement des exemples concrets lorsque nous aborderons les différentes situations où les notes personnelles servent de support à l'expression orale.

## Prise en notes des données non mémorisables

Lors d'une conférence ou d'une intervention au cours d'un échange, on a souvent recours à des données qui, de par leur nature, ne peuvent être facilement mémorisées. Qu'il s'agisse de noms propres, de chiffres, de graphiques, de courbes, de schémas, de cartes, de chronologies, de textes documentaires, il est important de pouvoir les retrouver au moment opportun. Ces éléments d'information font partie intégrante des notes et doivent être faciles à appréhender. Ils pourront donc être consignés sur des fiches autonomes et classés dans un ordre qui correspond à celui de l'utilisation prévue. Si vous avez l'intention de les montrer à vos auditeurs, vous préparerez des transparents numérotés en cas d'utilisation du rétro-projecteur ou des fichiers facilement repérables sur votre ordinateur en cas de recours au vidéo-projecteur.

## Une utilisation opérationnelle de l'espace

La situation orale laisse peu de temps pour déchiffrer des notes confuses ou trop denses. C'est pourquoi vous devez veiller à la lisibilité de vos notes.

Utilisez donc l'espace de la feuille avec discernement :

- aérez vos écrits ;
- utilisez les majuscules ;
- évitez les abréviations que vous n'employez pas fréquemment ;
- regroupez les informations concernant le même thème ;
- ayez recours à des tableaux qu'il vous sera ensuite facile de développer oralement ;
- faites éventuellement des colonnes pour disposer rationnellement le contenu de votre intervention ;
- et pensez à écrire gros si vous écrivez à la main ou à utiliser des polices de caractères élevées si vous préparez vos notes sur ordinateur. Cela vous permettra de lire à distance sans avoir « le nez » sur vos notes.

Par exemple, pour une argumentation :

| Argument | Sous-arguments | Exemples correspondants |
|---|---|---|
| Argument 1 | 1) → | Ex. |
| | 2) → | Ex. |
| | 3) → | Ex. |
| | etc. | |

**La nature même de l'intervention orale (son contexte, sa situation, son contenu) vous conduira à envisager la disposition de vos notes.**

**Quelles qu'elles soient, les qualités requises sont toujours les mêmes :**

- **clarté ;**
- **lisibilité ;**
- **utilisation rapide ;**
- **cohérence avec l'intervention prévue.**

Dans le même esprit, veillez à n'écrire que sur une face de la feuille ; cela vous évitera des manipulations de papier susceptibles de perturber votre prise de parole. Et n'oubliez pas de numéroter vos feuilles, vous pourriez les faire tomber !

Enfin, il est préférable de séparer les contenus différents (une fiche par thème, argument ou rubrique), ce qui permet une certaine souplesse d'intervention. Dans la mesure où l'ordre prévu peut être bouleversé, il vous sera alors facile de faire face à l'imprévu.

# Préparer des notes en fonction de leur utilisation

Les conseils que nous avons évoqués ci-dessus sont valables pour toute situation d'expression orale. Cependant, selon que vous serez l'orateur unique face à un auditoire ou un partenaire dans un échange à deux ou à plusieurs, vous aurez besoin de supports écrits différents.

## Préparer des notes pour une conférence, un cours, un exposé

La prestation orale individuelle a, selon le contexte, une durée variable. Vous pouvez avoir une parfaite maîtrise de votre sujet ou non, posséder en mémoire ou non les informations que vous allez transmettre, bref avoir plus ou moins besoin de notes détaillées pour asseoir votre intervention.

Quoi qu'il en soit, présentez clairement à vos auditeurs, sur tableau ou écran, le plan détaillé que vous prévoyez de suivre pour leur faciliter la compréhension de votre intervention.

Pour chaque partie prévue, préparez une fiche autonome sur laquelle vous inscrirez, en abrégé et en style télégraphique, l'enchaînement de vos idées en prévoyant une organisation la plus efficace possible.

Exemple : début d'un cours sur
la prise de notes en situation d'expression orale

Intro

≠notes à l'écrit et à l'oral

Expr. orale :
- conférence, exposé, cours (=1 orateur, 1 public)
- entretien
- réunion

Pas d'enregistrement

I – les difficultés

11) tps parole ≠ tps écriture
150 mots/mn 27 mots/mn Moy.

12) ≠ opérations mentales
ÉCOUTER
COMPRENDRE
ANALYSER
SÉLECTIONNER
NOTER

13) des conseils pas de recettes

## Prendre des notes pour préparer un entretien ou une réunion

### Se préparer à mener un entretien

Dans le cas où il s'agit d'un entretien où vous avez pour fonction de recueillir des informations, sans entrer dans un échange-discussion, vos notes consisteront en un relevé de questions à poser ou de thèmes à explorer ; elles sont une sorte de « pense-bête » et assisteront votre mémoire susceptible d'être défaillante.

**Exemple :**

*Vous recherchez une location pour les vacances, et prévoyez l'entretien avec un agent immobilier :*

- *situation ?*
- *distance par rapport à la plage ?*
- *commerces voisins ?*
- *piscine ? tennis ? ping-pong ?*
- *population de l'immeuble ?*
- *ensoleillement ?*
- *bruit ?*
- *etc.*

## Des notes pour participer à un échange

Dans le cadre d'un entretien de travail ou d'une réunion, vos notes seront pour vous une sorte de guide pour les interventions que vous envisagez de faire.

Elles seront plus ou moins abondantes et pourront aller de la simple mention d'un (des) aspect(s) à aborder, à des fiches détaillées concernant les divers thèmes d'expression prévus.

**RÉCAPITULATIF**

| | | |
|---|---|---|
| NE PAS RÉDIGER | | |
| ÉCRIRE LISIBLEMENT | | |
| AÉRER LES NOTES | STRUCTURER<br>FAIRE DES TABLEAUX | |
| NOTER LES ÉLÉMENTS NON MÉMORISABLES | | |
| DÉTERMINER SES BESOINS | POUR PRENDRE DES NOTES UTILES<br>POUR DOSER LA QUANTITÉ DES NOTES | |

# Chapitre 6

# Prendre des notes à partir de supports écrits

Articles de presse, livres, documents professionnels… les textes dont on peut souhaiter conserver une trace écrite sont divers et variés. Quant à l'usage que l'on veut faire des notes prises, il est également multiple.

Ces deux variables – nature des textes et objectif de la prise de notes – conditionneront la méthode de travail que vous adopterez. Un autre élément intervient : le temps dont vous disposez.

# Définir le contexte de la prise de notes

Les difficultés que nous avons recensées concernant la prise de notes en situation d'écoute sont absentes face à des supports écrits. On peut toujours se reporter au texte, relire, vérifier, compléter : c'est un avantage indéniable. Cependant, que cette sécurité ne vous rende pas imprudent ! Quand les notes ont été prises et conservées, elles doivent se suffire à elles-mêmes et répondre aux critères de clarté et de lisibilité.

## Des notes destinées à rester à l'état de notes

Selon vos centres d'intérêt et vos nécessités professionnelles – qui ne sont pas incompatibles ! – vous êtes amené à lire, sur support papier ou sur Internet, des textes différents : économiques, techniques, scientifiques, philosophiques, littéraires…

Au hasard de vos lectures, vous tombez sur des informations que vous désirez retenir. Vous allez les prendre en notes et les stocker sur des fiches, un carnet, ou les mettre en mémoire dans votre disque dur ou sur une disquette. Veillez à mettre un titre ou une référence qui vous permette de les identifier ultérieurement. Vous vous y reporterez en cas de besoin... ou les oublierez !

À côté de ces notes occasionnelles, vous pouvez être amené à prendre systématiquement des notes à partir d'un livre ou d'un texte plus court parce que vous désirez vous documenter sur un sujet particulier.

Dans ces deux cas, vous conserverez vos notes à l'état de notes, sans passer au stade de la rédaction. Selon que vous serez le seul utilisateur ou que vous les communiquerez à d'autres lecteurs, vous serez plus ou moins exigeant sur leur expression.

## Des notes pour rédiger un texte ou préparer une intervention orale

Les notes servent souvent de point de départ pour la rédaction d'écrits dont la caractéristique commune est qu'ils sont une réduction de textes beaucoup plus longs.

Résumés, notes de synthèse, rapports, comptes rendus de lecture, mémos, abstracts, sont autant de documents dont l'élaboration passe par une phase de prise de notes. Précisons que ceux-ci sont destinés à des lecteurs extérieurs qui *a priori* ignorent les supports dont vous vous êtes inspiré.

Il en est de même lorsqu'il s'agit de préparer une intervention orale qui s'appuie sur des supports écrits.

Dans le contexte de la prise de notes destinées à être transformées en une communication écrite ou orale, pensez à votre lecteur ou à votre auditoire en sélectionnant l'information : vous êtes un intermédiaire chargé de transmettre certaines données, vous avez accès à la matière première et possédez donc une vision à la fois détaillée et globale que vos lecteurs ou auditeurs n'ont pas. C'est leur non-savoir qui doit vous guider dans votre travail ![5]

# Repérer l'essentiel d'un texte

## Définir l'essentiel

Tout d'abord, il convient de lever un malentendu courant entretenu par un souci de simplification excessive.

En effet, on parle de l'essentiel d'un texte, comme s'il y avait un essentiel en soi, objectivement le même pour tout le monde. Or, ce n'est qu'en définissant l'objectif de votre prise de notes que vous pourrez cerner ce qui est essentiel ; selon que vous vous intéressez à un (ou des) thème(s) en particulier ou au texte dans sa totalité, vous retiendrez un seul (ou plusieurs) aspect(s) ou tous ceux que vous pourrez décoder. Prévoyez donc votre stratégie de prise de notes avant de vous engager dans votre travail sur les textes. Vous pourrez adopter une démarche sélective – c'est-à-dire qui ne retient qu'un nombre de points limité – ou une démarche exhaustive – c'est-à-dire qui embrasse tous les aspects abordés dans le texte.

## Asseoir les notes sur une bonne connaissance du texte

Beaucoup de gens qui prennent des notes à partir de supports écrits ne se donnent pas le temps de prendre contact avec le texte. Ils commencent à le lire et au bout de quelques secondes éprouvent le besoin de prendre des notes, sans être sûrs qu'elles sont opportunes... Mais cette matérialisation immédiate de leur lecture les rassure. L'expérience montre qu'une telle précipitation n'est pas opérationnelle et que la prise de notes efficace passe par une gestion réfléchie du temps dont on dispose. En effet, prendre des notes consiste à relever ce qui est « essentiel » dans ce contexte précis. Or, pour relativiser l'importance des informations contenues dans un texte, il est indispensable d'en avoir, au préalable, une appréhension globale. C'est pourquoi nous vous donnons quelques conseils de base que vous adapterez à votre situation personnelle (nature du texte, objectif de la prise de notes, temps imparti).

Prenez connaissance du texte dans son ensemble avant de prendre quelque note que ce soit.

Si le texte est court, lisez le *in extenso*.

À l'issue de cette lecture, vous pourrez vous rendre compte de ce qu'il est utile de noter. En effet, certains aspects peuvent être repris à certains endroits ; d'autres s'opposer dans deux parties du texte. Cette première approche vous donne en quelque sorte l'intuition d'un plan de prise de notes et vous permettra de préparer des fiches pour consigner rationnellement les éléments que vous retiendrez.

Si le texte est trop long pour que vous adoptiez la démarche énoncée précédemment, prenez connaissance de son contenu en utilisant des points de repère :

- pour un article, document... lisez l'introduction, les débuts et fins de paragraphes, la conclusion, parcourez les tableaux s'il y en a ;
- pour un livre, prenez connaissance de la préface, du sommaire ; tournez les pages, regardez les débuts et fins de chapitres.

Ce n'est qu'à partir de cette phase de contact avec votre support écrit que vous pourrez vous consacrer à la prise de notes proprement dite.

## Prendre des notes : comment ?

### Prise de notes manuscrites : prévoir des supports de prise de notes

Que vous souhaitiez garder vos notes telles quelles ou que vous les utilisiez pour rédiger un document, vous en ferez une meilleure utilisation si vous les classez dès l'abord.

Prévoyez donc des fiches en tête desquelles vous inscrivez le thème, l'aspect, le domaine... que vous explorez.

S'il s'agit de notes que vous désirez conserver, ayez recours à des fiches cartonnées que vous rangerez dans un fichier adéquat ou à des feuilles de petits classeurs, de couleurs différentes. Le classement étant fait, la consultation en sera plus facile.

Et si vous ne souhaitez pas vous encombrer de papier, rien ne vous empêche ensuite de rentrer vos notes sur votre ordinateur.

S'il s'agit de notes préalables à la rédaction d'un document, de simples feuilles suffiront, pourvu que chacune corresponde à un point particulier.

## Prise de notes sur ordinateur

On est de plus en plus amené à consulter des textes sur Internet et à souhaiter en garder trace.

La première solution consiste à imprimer le texte ou la partie du texte qui correspond à ses centres d'intérêt et à prendre des notes à partir du support papier comme nous l'avons envisagé précédemment.

La seconde solution consiste à travailler le texte sur ordinateur après l'avoir enregistré, si c'est possible !

Dans ce cas, par un jeu de copier/coller, vous pouvez garder en mémoire les éléments du contenu qui vous intéressent sur un même fichier. Si cette prise de notes est préalable à un travail de synthèse, vous avancerez dans votre tâche en regroupant dans des fichiers différents et nommés avec précision, les éléments à retenir en mettant dans le même fichiers celles qui traitent du même thème.

Évitez, dans un premier temps, d'effacer la version intégrale ; elle peut vous servir si vos notes sont confuses ou incomplètes à la relecture.

## Que noter ?

La possibilité de recourir au texte permet une certaine latitude dans la démarche à adopter. Selon vos besoins vous pourrez procéder différemment :

- Relever des citations ou les phrases-clés.
- Certaines phrases à elles seules résument une idée-force, une caractéristique essentielle d'un personnage ou d'une thèse. Vous pouvez les noter telles quelles, entre guillemets ; ce sera plus significatif de la pensée de l'auteur qu'une paraphrase approximative.
- Noter les articulations d'un texte.

**Pour bien comprendre un texte, il faut en saisir la logique, laquelle se traduit par des articulations.**

**Nous avons déjà abordé cet aspect dans le chapitre consacré à la prise de notes lors d'une intervention orale. Vous serez amené à reconstituer la structure d'un texte selon une démarche classique :**

**INTRODUCTION**

**1re partie**

**1re sous-partie**

**2e sous-partie**

**3e sous-partie**

**TRANSITION**

**2e partie**

**1re sous-partie**

**etc.**

**CONCLUSION**

Toutefois, rappelons que vous donnerez un sens à ce squelette si les titres que vous adoptez sont porteurs d'information. En effet, le titre « rubrique » est peu significatif comparé à un titre « plein » qui garde une mémoire du contenu.

| Titre « rubrique » | Titre « plein » |
|---|---|
| L'histoire de l'entreprise | D'une entreprise familiale à une multinationale |
| Le personnel | Un personnel à hautes compétences technologiques |
| L'emploi des jeunes | Les jeunes : une population à fort taux de chômage |

## Noter les idées d'un texte

Certains aspects ou thèmes d'un texte, quelle qu'en soit la longueur, seront consignés. Pour cela, vous avez deux possibilités complémentaires :

1) Vous repérez les mots-clés et expressions-clés et les notez tels quels.

2) Vous résumez certains passages et gardez trace du contenu, mais vous vous exprimez avec votre propre style. Veillez, dans ce cas, à rester fidèle à la pensée de l'auteur. N'oubliez pas que les tableaux, courbes, schémas sont des outils d'expression pratiques et concis ; n'hésitez pas à y recourir.

Voici quelques illustrations des démarches de prise de notes que nous avons évoquées.

### 1^er^ exemple :

*Nous vous présentons ci-dessous un tableau qui rend compte des idées essentielles développées dans* Le Prix de l'Excellence, *ouvrage de Tom Peters et Robert Waterman (Inter Éditions, Paris, 1983).*

*Les titres de chacune des huit cases correspondent aux titres des chapitres fondamentaux du livre, qui énoncent, chacun, un principe d'excellence.*

*Les soixante points répartis dans les huit cases énoncent, d'une façon synthétique, les facteurs-clés de réussite (ou facteurs d'excellence) qui sont développés dans le corps de l'ouvrage.*

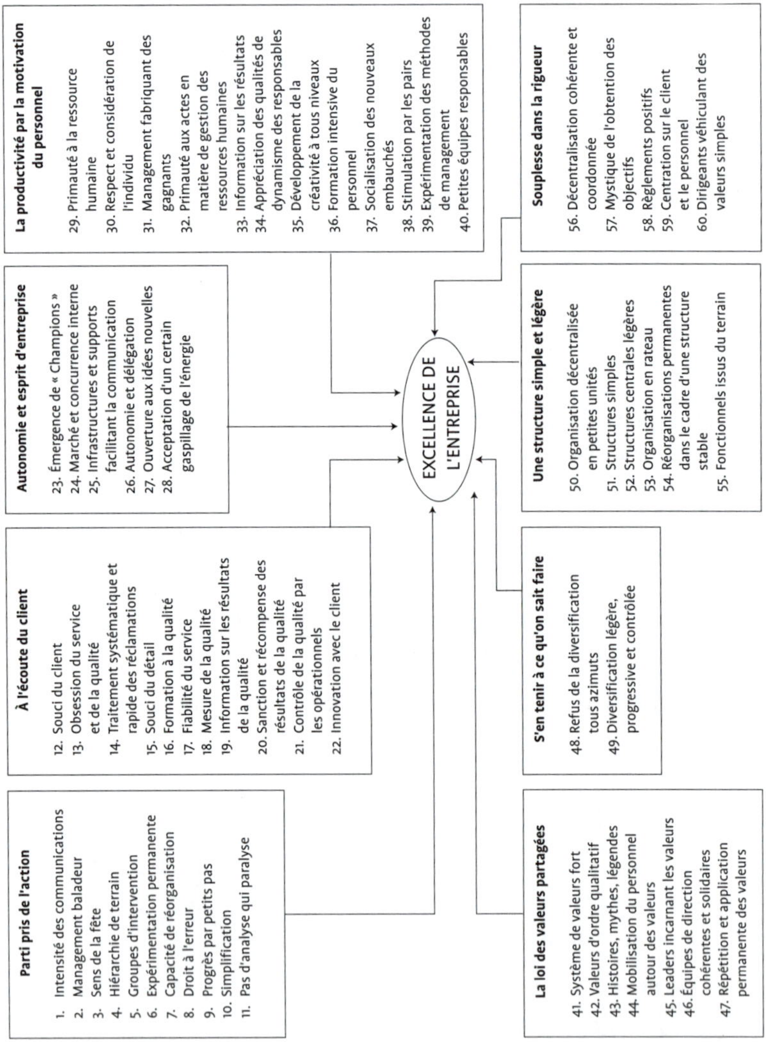

### 2e exemple : prise de notes à partir d'un texte court.

*Extrait du Rapport à l'Unesco de la Commission internationale sur l'éducation pour le vingt et unième siècle, présidée par Jacques DELORS :* L'Education, un trésor caché, *Éd. Odile Jacob, 1996, p.55-56.*

*L'éducation peut être un facteur de cohésion si elle permet de prendre en compte la diversité des individus et des groupes humains tout en évitant d'être elle-même un facteur d'exclusion sociale.*

*Le respect de la diversité et de la spécificité des individus constitue en effet un principe fondamental, qui doit conduire à proscrire toute forme d'enseignement standardisé. Les systèmes éducatifs formels sont souvent accusés à juste titre de limiter l'épanouissement personnel en imposant à tous les enfants le même moule culturel et intellectuel, sans tenir suffisamment compte de la diversité des talents individuels. Ils tendent de plus en plus, par exemple à privilégier le développement de la connaissance abstraite au détriment d'autres qualités humaines comme l'imagination, l'aptitude à communiquer, le goût de l'animation au du travail en équipe, le sens de la beauté ou de la dimension spirituelle ou l'habileté manuelle. Selon leurs aptitudes et leurs goûts naturels, qui sont divers dès leur naissance, les enfants ne tirent donc pas le même bénéfice des ressources éducatives collectives. Ils peuvent même se trouver en situation d'échec du fait de l'inadaptation de l'école à leurs talents et à leurs aspirations.*

*Au-delà de la multiplicité des talents individuels, l'éducation se trouve confrontée à la richesse des expressions culturelles de chacun des groupes qui composent une société et la Commission a fait du respect du pluralisme l'un des principes fondamentaux de sa réflexion. Même si les situations diffèrent largement d'un pays à l'autre, la plupart des pays se caractérisent en effet par la multiplicité de leurs racines culturelles et linguistiques. Dans les pays autrefois colonisés comme ceux de l'Afrique subsaharienne, la langue et le modèle éducatif de l'ancienne métropole ont été superposés à une culture et à un ou plusieurs types d'éducation traditionnels. La recherche d'une éducation qui fonde leur identité propre, par-delà le modèle ancestral et celui qu'ont apporté les colonisateurs, se manifeste en particulier par l'utilisation accrue des langues locales* dans l'enseignement. La question du pluralisme culturel et linguistique se pose également dans le cas des populations autochtones ou dans celui des groupes migrants, pour lesquels il s'agit de trouver un équilibre entre le souci d'une intégration réussie et l'enracinement dans la culture d'origine. Toute politique d'éducation doit dès lors être en mesure de relever un défi essentiel, qui consiste à faire de cette revendication légitime un facteur de cohésion sociale. Il importe en particulier de permettre à chacun de se situer au sein de sa communauté d'appartenance principale, le plus souvent sur le plan local, tout en lui fournissant les moyens d'une ouverture sur les autres communautés. En ce sens, il importe de promouvoir une éducation interculturelle qui soit véritablement un facteur de cohésion et de paix....

– Respect diversité, spécificité individus >>>>proscrire enseignt standardisé

- systèmes éducatifs limitent épanouist perso

- moule culturel et intello contre dévelopt talents et goûts perso (abstraits plutôt que qualités humaines et artistiques)

- inadaptation école talents et aspirations >>> échec

• Respect du pluralisme culturel et linguistique

– Pour pays ex-colonisés actuellemt superposition culture ex pays colonisateurs et culture et éduc. tradit.

>>> recherche identité par langues locales dans enseignemt

• Pour populations autochtones ou groupes migrants

>>> trouver équilibre entre intégration réussie et enracinemt ds cult. origine.

DÉFI : permettre à chacun de se situer ds communauté appartenance et fournir moyens d'ouverture sur autres communautés

>>> Promotion une éducation interculturelle>>> Cohésion et Paix.

# 6. À partir de supports écrits

## Quelques conseils pratiques

Nous avons précédemment recensé les principales possibilités qui s'offrent à vous lorsque vous désirez prendre des notes à partir de supports écrits. Quelles que soient vos options, certaines constantes subsistent.

### Situer le texte dans son contexte

S'il s'agit d'un extrait d'un journal ou d'une revue, vous devez noter :

- la date ;
- l'auteur ;
- le support (nom du journal ou de la revue) ;
- le titre du texte.

Si ce texte s'inscrit dans une période particulière qui lui donne un éclairage précis (campagne électorale, crise économique, mesures gouvernementales...) il est utile de le consigner par écrit.

S'il s'agit d'un livre, vous inscrivez :

- le titre ;
- le nom de l'auteur ;
- le nom de l'éditeur ;
- la date de la parution ;
- la ville de parution ;
- éventuellement, le nom du rédacteur de la préface.

S'il s'agit d'un document publié sur le Net :

- le site ;
- la date ;
- l'auteur ;
- le contexte de diffusion (débat, événement, recherche...).

## Utiliser l'espace de la feuille efficacement

N'écrivez que sur une face de la feuille ou de la fiche, cela vous en facilitera l'utilisation.

Utilisez éventuellement des stylos de couleurs différentes si vous souhaitez traduire des nuances.

Soulignez, entourez les idées-clés pour les mettre en évidence.

Laissez une marge assez importante pour noter vos idées personnelles, questions, associations d'idées.

## Recourir aux abréviations

La prise de notes sur des supports écrits ne pose pas le problème de course contre la montre que l'on rencontre lorsqu'il s'agit d'une situation d'expression orale. Toutefois, pour gagner du temps, il est utile de recourir aux abréviations. Nous vous renvoyons pour ce faire à l'annexe consacrée à cet outil de travail.

Il convient d'ajouter ici que le recul que l'on prend à partir d'un texte permet d'affiner le code ; si un terme, un concept, un nom revient sans cesse, vous pouvez, dès l'abord lui attribuer une représentation simplifiée et l'inscrire sur votre feuille ou fiche pour ne pas l'oublier.

Exemple : si vous travaillez sur un ouvrage traitant de la qualité, vous déciderez de traduire ce concept par « Q ».

## Prendre des notes sur le texte lui-même

Dans la mesure où le contexte matériel vous le permet, vous pouvez travailler sur le texte lui-même pour mettre en évidence les points que vous désirez retenir. En effet, avant de consigner sur des feuilles ou fiches les notes à conserver ou transformer, vous avez ainsi la latitude de faire le premier tri directement sur la matière première ; les notes seront dans ce cas-là le résultat d'une démarche préalable de décantation.

Comment procéder ?

Mettez graphiquement en évidence les idées-clés en les entourant, les soulignant, les colorant au surligneur... selon vos tendances esthétiques !

Soulignez plus discrètement ou de couleurs plus pâles les idées secondaires.

Dans la marge du texte, inscrivez des annotations qui sont des formulations résumées de chaque paragraphe.

Marquez par des flèches les relations que vous décelez entre certains éléments répartis dans le texte.

Cependant, soyez économe de signes graphiques ; si vous noyez votre texte sous des signes divers, votre travail n'aura plus de sens : l'essentiel et l'accessoire ne seront plus distincts.

Cette prise de notes particulière n'est cependant pas une nécessité.

Certaines personnes n'aiment pas écrire sur leurs livres ou sur des documents, d'autres y trouvent un moyen de faire vivre un écrit. À chacun de trouver la démarche qui lui convient.

Voici, à titre d'exemple, le type de travail que l'on peut faire sur le texte auquel nous nous sommes référés précédemment.

*L'éducation peut être un facteur de cohésion si elle permet de prendre en compte la diversité des individus et des groupes humains tout en évitant d'être elle-même un facteur d'exclusion sociale. Le respect de la diversité et de la spécificité des individus constitue en effet un principe fondamental, qui doit conduire à proscrire toute forme d'enseignement standardisé. Les systèmes éducatifs formels sont souvent accusés à juste titre de limiter l'épanouissement personnel en imposant à tous les enfants le même moule culturel et intellectuel, sans tenir suffisamment compte de la diversité des talents individuels. Ils tendent de plus en plus, par exemple à privilégier le développement de la connaissance abstraite au détriment d'autres qualités humaines comme l'imagination, l'aptitude à communiquer, le goût de l'animation au du travail en équipe, le sens de la beauté ou de la dimension spirituelle ou l'habileté manuelle. Selon leurs aptitudes et leurs goûts naturels, qui sont divers dès leur naissance, les enfants ne tirent donc pas le même bénéfice des ressources éducatives collectives. Ils peuvent même se trouver en situation d'échec du fait de l'inadaptation de l'école à leurs talents et à leurs aspirations.*

onnaissances
ostraites
rivilégiées

ualités
ubliées
communicat.
créatives
artistiques

*Au-delà de la multiplicité des talents individuels, l'éducation se trouve confrontée à la richesse des expressions culturelles de chacun des groupes qui compo-*

Concilier culture, tradition et apports extérieurs (colonisation ou autres communautés)

*sent une société et la Commission a fait du respect du pluralisme l'un des principes fondamentaux de sa réflexion. Même si les situations diffèrent largement d'un pays à l'autre, la plupart des pays se caractérisent en effet par la multiplicité de leurs racines culturelles et linguistiques. Dans les pays autrefois colonisés comme ceux de l'Afrique subsaharienne, la langue et le modèle éducatif de l'ancienne métropole ont été superposés à une culture et à un ou plusieurs types d'éducation traditionnels. La recherche d'une éducation qui fonde leur identité propre, par-delà le modèle ancestrale et celui qu'ont apporté les colonisateurs, se manifeste en particulier par l'utilisation accrue des langues locales dans l'enseignement. La question du pluralisme culturel et linguistique se pose également dans le cas des populations autochtones ou dans celui des groupes migrants, pour lesquels il s'agit de trouver un équilibre entre le souci d'une intégration réussie et l'enracinement dans la culture d'origine. Toute politique d'éducation doit dès lors être en mesure de relever un défi essentiel, qui consiste à faire de cette revendication légitime un facteur de cohésion sociale. Il importe en particulier de permettre à chacun de se situer au sein de sa communauté d'appartenance principale, le plus souvent sur le plan local, tout en lui fournissant les moyens d'une ouverture sur les autres communautés. En ce sens il importe de promouvoir une éducation interculturelle qui soit véritablement un facteur de cohésion et de paix...*

ex-coloni

Populations autochtones/ migrants

## Un type particulier de prise de notes : la fiche de lecture

Dans le cadre de recherches, d'études, de documentation personnelle, on peut-être amené à travailler sur des livres, donc des textes longs.

Prendre des notes dans ce cas pose un problème de choix des aspects à consigner.

Les consignes que nous avons évoquées précédemment s'appliquent à cette démarche ; nous les rappellerons ci-dessous, en les complétant :

# 6. À partir de supports écrits

- notez les références (auteur, année de parution, édition) ;
- cernez vos attentes par rapport à la lecture, vous déterminerez les informations à retenir ;
- notez la logique globale de l'ouvrage ;
- recensez les thèmes essentiels par rapport à votre objectif ;
- relevez quelques citations pertinentes (pas trop !) ;
- faites des résumés partiels sur les aspects qui vous intéressent ;
- notez en marge vos propres réactions ;
- indiquez, éventuellement, comment l'ouvrage a été accueilli par le public ou la critique ;
- n'oubliez pas l'aspect matériel de la prise de notes : une fiche par thème et des fiches classées dans un ordre significatif.

**RÉCAPITULATIF**

S'IMPRÉGNER DU TEXTE AVANT TOUTE PRISE DE NOTES

DÉFINIR SES ATTENTES, SES OBJECTIFS, L'UTILISATION FUTURE DES NOTES

CONSIGNER LE CONTEXTE DU PARUTION DU TEXTE

NOTER LES ÉLÉMENTS NON MÉMORISABLES

NOTER

- LA LOGIQUE INTERNE DU TEXTE (ARTICULATIONS)
- CERTAINES CITATIONS OU PHRASES-CLÉS
- DES RÉSUMÉS PERSONNELS ET FIDÈLES DE CERTAINS PASSAGES
- SES RÉACTIONS EN MARGE

VEILLER À

- LA LISIBILITÉ DES NOTES

Chapitre 7

# Prendre des notes pour créer

Nous sommes tous créatifs. Contrairement à une image souvent répandue, la création n'est pas réservée à quelques-uns. Chacun est amené, tous les jours, à résoudre des problèmes de façon personnelle et originale, dans sa vie privée comme dans sa vie professionnelle. La prise de notes peut accompagner et même favoriser une production créative d'idées nouvelles selon différentes modalités que nous allons examiner.

À chacun de s'approprier celles qui lui semblent les plus intéressantes.

## Le piège à idées

Le terme de « piège à idées » vient de Charles Clark, disciple d'Alex Osborn, le père du brainstorming. Il le définit comme un « carnet de poche » que vous portez toujours sur vous de façon à pouvoir saisir au vol une idée fugitive – tandis que vous êtes arrêté à un feu de circulation ou que vous êtes dans le métro, que vous prenez votre déjeuner, que vous attendez à un rendez-vous chez le docteur, que vous passez devant la vitrine d'un magasin ou que vous regardez à la télévision « La Connaissance du monde »[6].

Si ce n'est pas un carnet de poche, Clark précise que le piège à idées peut aussi bien être n'importe quel support sur lequel on peut écrire : feuille de papier, bloc de bureau, dos d'une enveloppe, etc. Ce peut être aussi un magnétophone portatif. L'important est de pouvoir disposer, à tout moment et en tout endroit, d'un matériel pour consigner les idées qui vous traversent l'esprit.

Alex Osborn, lorsqu'il passe en revue les différentes démarches propres à stimuler la production des idées, donne le même type de conseils :

> **« Un moyen simple mais efficace pour inciter l'imagination à travailler consiste à prendre des notes. Pour mettre en mouvement notre cerveau, les crayons peuvent servir de levier (...)**

> Mes propres habitudes pour prendre des notes pourraient aisément me faire passer pour un maniaque. Même au prêche, il m'arrive de jeter subrepticement des notes sur une fiche. Assis dans notre véranda à la nuit tombée, j'ai souvent sorti mon carton et griffonné sans voir ce que j'écrivais. Quand je joue au golf, je n'ai pas de fiches sur moi ; mais chaque fois que j'entends quelque remarque ou que je pense à quelque chose pouvant mener vers une idée, je le marque sur ma fiche de score. Un jour que j'avais oublié cette fiche, j'ai recueilli et sauvé une idée dans le couvercle d'une boîte d'allumettes »[7].

Jean Guitton[8], quant à lui, conseille de porter toujours sur soi un petit carnet de fiches mobiles de format unique pour capturer au vol un mot, une idée, qui survient à l'improviste et qui disparaîtra à jamais si on ne l'enregistre pas aussitôt. L'uniformité du format des fiches permet, selon lui, de classer directement la fiche lorsque l'on rentre chez soi et ainsi d'économiser un temps de recopiage.

Et si vous êtes équipé d'un assistant numérique personnel (PDA : *Personnal Digital Assistant*), vous pourrez y enregistrer quelques notes que vous transférerez sur votre ordinateur et classerez dans des fichiers facilement identifiables *a posteriori*.

Quelle que soit la forme que chacun donne à son piège à idées, l'utilisation de cette technique est un moyen concret pour saisir au passage des idées qui se manifestent au moment où on les attend le moins et sont oubliées très vite si on ne les note pas.

L'étude des mécanismes de la création, à partir des témoignages de nombreux savants, artistes, hommes d'affaires, etc. montre que les idées neuves surviennent le plus souvent en dehors du lieu et des horaires de travail.

Les périodes de sommeil ou de demi-sommeil sont propices à la créativité. D'où la technique des notes de chevet, que nous verrons plus loin.

Les promenades (dans la campagne, en forêt, au bord de la mer, ou même en ville) favorisent aussi la réflexion et la résolution créative de problèmes. Newton et son observation d'une pomme qui tombe est un exemple célèbre. Plus récemment, c'est François Jacob, prix Nobel de médecine, qui nous évoque une marche dans Paris : « La neige s'était remise à tomber sur le Luxembourg (...) Quand je suis sorti du jardin, l'idée m'est brusquement venue d'une expérience à faire sur la division cellulaire.[9]... »

Jean Guitton évoque les longues déambulations de Maurice Barrès dans Paris, au bout desquelles il rapportait une masse d'idées et d'impressions relatives à ses travaux en cours, qu'il notait et classait aussitôt.

Les temps de transports sont également favorables à la réflexion créative, car ils permettent à la fois le repos relatif et la concentration. Rien de tel pour réfléchir qu'un trajet en train ou en avion. On sait que la théorie de la relativité naquit lorsque Einstein eut l'impression que son train reculait parce qu'il était dépassé par un autre plus rapide. L'illumination du mathématicien Henri Poincarré dans l'omnibus de Coutances est aussi célèbre :

> « Les péripéties du voyage me firent oublier mes travaux mathématiques ; arrivés à Coutances, nous montâmes dans un omnibus pour je ne sais quelle promenade ; au moment où je mettais le pied sur le marchepied, l'idée me vint, sans que rien dans mes pensées antérieures parût m'y avoir préparé, que les transformations dont j'avais fait usage pour définir les fonctions fuchsiennes étaient identiques à celles de la géométrie non-euclidienne [10]. »

La salle de bains est un berceau d'idées créatives. C'est dans un bain (public à l'époque) qu'Archimède poussa son « Eurêka ». Einstein déclarait avoir eu ses plus grandes idées en se rasant. Quant à Antoine Riboud, alors patron de B.S.N., il recommandait aux managers de prendre des bains : « Qu'est-ce que vous faites quand vous prenez un bain ? D'abord, vous vous lavez. Mais, en deuxième lieu, vous réfléchissez. Vous réfléchissez... C'est le problème avec les managers aujourd'hui : trop d'entre eux prennent des douches et pas assez des bains. Ils n'ont pas le temps de réfléchir. »

Les temps de loisir sont aussi sources d'idées ou d'inspirations nouvelles. Beaucoup de praticiens du bricolage, du jogging ou de tout autre sport ou hobby, y puisent des éléments de réflexion utiles pour résoudre bien des problèmes de la vie courante, professionnels ou non. François Jacob raconte comment un éblouissement de l'évidence s'imposa à lui sur un thème de recherche, à l'occasion d'une séance de cinéma, dont le film était sans grand intérêt.

Pour comprendre toutes ces situations et tous ces exemples d'illumination créatrice, d'intuitions soudaines, brèves et fugaces, il convient de les resituer dans une dynamique globale de la création.

**La plupart des chercheurs qui ont voulu comprendre le processus de l'invention ont identifié quatre phases :**

**1/ une phase de préparation, qui correspond à un travail conscient de formulation du problème, de recueil et d'analyse des informations existantes et de première recherche de solutions ;**

**2/ une phase d'incubation, où le problème mûrit, prend son autonomie dans le cadre d'une inaction relative qui correspond, en fait, à un travail de l'inconscient ;**

**3/ une phase ou plutôt un moment d'illumination, qui échappe aussi à notre conscience et à notre maîtrise et qui se caractérise par des traits de brièveté, de soudaineté et de certitude immédiate ;**

**4/ enfin, une phase de vérification, où se fait un travail conscient de mise en forme, de jugement critique, d'expérimentation et de contrôle.**

La connaissance de ce processus créatif permet de mieux comprendre

- que l'inspiration ou l'illumination n'ont rien de magique mais résultent d'un travail préalable, en partie conscient, logique et rationnel (cerveau gauche), et en partie inconscient et intuitif (cerveau droit) ;
- que les idées nouvelles se manifestent à des moments de calme et de solitude relatifs où l'on peut à la fois lâcher la bride à son imagination et mettre en œuvre une grande concentration mentale.

D'où ces deux conseils dans l'emploi du piège à idées :

- préparez vos récoltes d'intuitions par une démarche classique et rigoureuse de résolution de problèmes ;
- protégez avec soin ces temps creux de la vie active qui sont souvent les temps pleins de la créativité et cultivez-y des attitudes de disponibilité à l'imaginaire, d'écoute et de facilitation de votre créativité interne, de

flânerie intellectuelle, ce que Jean Guitton appelle un état de pensée abandonnée, ou l'art du non-effort.

## Les notes de chevet

Le piège à idées est le support de prise de notes créatives qu'on porte sur soi à tout moment de la journée. Mais celui qui souhaite utiliser le potentiel créatif de la nuit et du sommeil utilisera un dispositif équivalent à d'autres heures : c'est la technique des notes de chevet.

Elle exploite le fait que la nuit est une période particulièrement favorable à la créativité. De nombreux témoignages de créateurs ou d'inventeurs l'attestent.

Certains ont trouvé des idées, des inspirations ou des solutions dans leurs rêves. Des romanciers comme R.-L. Stevenson ou J.-B. Prietsley ont d'abord rêvé de façon très détaillée les intrigues de leurs ouvrages. Le chimiste Kékulé a élaboré la représentation en anneau du benzène, en rêvant de particules tourbillonnant comme des serpents se mordant la queue.

D'autres pratiquaient l'insomnie créatrice. « Cannon et Poincaré écrivent qu'ils ont eu de brillantes idées, couchés sans pouvoir dormir », rapporte Arthur Koestler [11], qui ajoute : « c'est le seul bon point à l'actif de l'insomnie ». Jean Guitton cite un texte du secrétaire de Barrès qui décrit l'utilisation que ce dernier faisait de ses moments d'insomnie : « Il prenait, sur la table placée près de son lit, le crayon et le papier qu'il y posait tous les soirs, et dans l'obscurité notait, d'une écriture qu'il pouvait à peine déchiffrer le matin, une de ces phrases encore baignées de sommeil et que le jour effarouche [12]... » D'autres, enfin, voient leurs idées arriver après le sommeil, comme Descartes qui faisait ses découvertes le matin au lit, ou Walter Scott qui trouvait ce qu'il désirait pendant la demi-heure entre son réveil et son lever.

Tous ces exemples s'expliquent par le travail de l'inconscient qui se manifeste, comme nous l'avons vu précédemment, dans le processus créatif. Ce travail peut s'effectuer à travers le sommeil et le rêve, qui sont des périodes où le cerveau reste actif. Il peut s'effectuer aussi dans ces états intermédiaires entre la veille et le sommeil qui précèdent l'endormissement et le réveil, où le corps et la pensée consciente sont au repos et où l'inconscient émerge, suscitant rêveries et images mentales. Ces états sont d'ailleurs identifiés et utilisés par les techniques de relaxation et de méditation, qu'elles soient orientales et très anciennes comme le yoga et le zen, ou occidentales et plus récentes comme la sophrologie.

**Disposer d'un matériel de prise de notes à son chevet, et comprendre pour les faciliter les mécanismes de la création, permet de récolter les fruits de ce travail de l'inconscient. Sans possibilité de noter, on court le risque de laisser filer ce qui a été un moment entrevu. C'est ce qui faillit arriver à Louis Agassiz, un scientifique qui essayait de déchiffrer le mystère d'une empreinte obscure laissée par un poisson fossile sur la pierre qui l'avait conservée. Il visualisa, deux nuits de suite en rêve, toutes les parties manquantes de l'animal, mais ne put s'en rappeler le matin venu. La troisième nuit, il prit la précaution de s'endormir avec un papier et un crayon à portée de la main et put retranscrire sur le papier les caractéristiques morphologiques du poisson, ce qui lui permit, après vérification, de le classifier [13].**

Le même rêve ne se renouvelant pas d'ordinaire d'une nuit à l'autre, du papier, un stylo et une lampe vous permettront de dormir sur les problèmes qui vous occupent, de laisser votre inconscient travailler la nuit à leur résolution et d'enregistrer au moment opportun les éclairs de l'intuition.

## Le brainstorming en solo

La prise de notes individuelle selon la technique du brainstorming, ou remue-méninges (voir ci-après) se situe dans le prolongement des deux techniques précédentes. Comme elles, elle s'appuie sur un imaginaire en roue libre pour faciliter la production d'idées. Mais elle constitue une démarche plus active et plus programmée. Le brainstorming est un effort conscient pour utiliser l'inconscient.

# 7. Pour créer

Les techniques du piège à idées ou des notes de chevet conseillent de créer un climat favorable de repos du corps et de la pensée, puis d'être prêt à noter des idées ou réflexions créatives lorsqu'elles se manifesteront. Le brainstorming organise, selon quelques principes de base, une production d'idées en décidant de noter *a priori*, pendant un temps donné, tout ce qui vient à l'esprit sur un problème ou une question, en jouant sur le mécanisme de libre association des idées.

Rappelons les quatre règles de base du brainstorming, en les resituant dans le cadre d'une pratique individuelle :

1/expression et imagination libres : notez toutes les idées qui vous viennent à l'esprit, même et surtout les plus farfelues ;

2/recherche de la quantité d'idées : plus vous aurez d'idées, plus la probabilité d'en avoir de bonnes sera grande ;

3/suspension du jugement : ne vous autocensurez pas, la critique des idées aura lieu plus tard, après la phase de production ;

4/recherche des combinaisons et des améliorations : puisez dans les idées déjà notées pour en trouver d'autres.

Un exemple, vécu par Osborn lui-même, met l'accent sur ce côté volontariste du brainstorming :

> « Ma meilleure idée est née dans un wagon de métro. Pendant des mois j'avais essayé en vain de trouver le moyen de transformer notre société en une affaire de copropriété englobant tous nos collaborateurs. Une nuit, en route vers le métro, j'étais sur le point d'acheter un journal, quand il m'apparut que je pourrais utiliser les vingt minutes du trajet à me rapprocher de l'idée que je cherchais. Ayant trouvé une place assise, je commençai à prendre des notes. Très rapidement le wagon fut comble. Le bruit des conversations tenait du vacarme et le bruit tout court était assourdissant. Pourtant, c'est là – et à ce moment – que je suis tombé sur l'idée que je cherchais depuis si longtemps. Je n'aurais jamais résolu ce problème si j'avais acheté un journal et je ne crois pas que la

solution fût venue si je n'avais pas favorisé la concentration en commençant par prendre des notes [14]. »

Le brainstorming est né aux États-Unis, à la fin des années trente, dans une agence de publicité qui s'en servit pour rendre ses réunions créatives plus efficaces. Il s'est, depuis, surtout diffusé comme technique de créativité en groupe. Mais dès le départ, ses promoteurs, Osborn et Clark, l'ont aussi recommandé comme une technique de créativité individuelle.

Bien sûr un groupe possède *a priori* un potentiel créatif plus vaste qu'un seul individu. Mais chacun peut, s'il le souhaite, enrichir sa pratique du brainstorming en solo, de différentes façons :

– en systématisant le choc et l'association des idées par le concassage, qui consiste à faire subir mentalement aux différents éléments du problème ou de la situation étudiés toutes sortes de transformations : augmentations, diminutions, combinaisons, inversions, modifications, suppressions, etc. ;

– en stimulant son imagination à partir de différents objets, mots, images, ou tous autres éléments inducteurs, en relation ou non avec le problème traité : entretiens avec des personnes dont les idées peuvent être utiles, observations sur le terrain, consultation de documentations, de listes, de catalogues, visites de musées ou écoute de musique, etc.

## Les notes visuelles

Réfléchir en prenant des notes sous forme de schémas et tableaux est une autre façon de stimuler sa créativité. Une représentation visuelle fait appel au cerveau droit qui fonctionne par images, par perception globale, par appréhension directe des structures et des relations entre les choses. Schémas et tableaux permettent aussi de jouer sur ces structures et ces relations et d'en imaginer de nouvelles, c'est-à-dire de pratiquer cet art de la combinatoire et du réarrangement qui est au cœur de toute démarche créative.

Bergson parlait de schémas dynamiques, qui reflètent le travail de la pensée en train de se chercher elle-même. Le musicien Brian Eno trouve un grand profit à penser en diagrammes :

# 7. Pour créer

« Toute idée peut être exprimée sous forme d'un diagramme ou d'un modèle géométrique. C'est une façon très claire de visualiser une situation compliquée. Chaque élément se traduit par une ligne et la situation naît aux points d'intersection de ces lignes. Par rapport à une analyse verbale, le diagramme est un système ouvert qui permet de prédire comment la situation va évoluer, si on modifie certains de ses paramètres ou lorsqu'on introduit un paramètre nouveau. Je ne me déplace jamais sans mon carnet de notes et je n'arrête pas d'y tracer des diagrammes. (...) Sur ces carnets de notes, il y a des milliers d'idées. C'en est presque décourageant. J'ai trop d'idées ! » [15]

Les schémas ou diagrammes de réflexion les plus classiques sont des schémas logiques qui peuvent permettre de rechercher et d'identifier des liens de causalité entre différents événements, situations, concepts, etc.

La pensée créative pourra s'appuyer sur des schémas logiques de différents types :

- l'arbre des causes : plusieurs causes – un effet ;

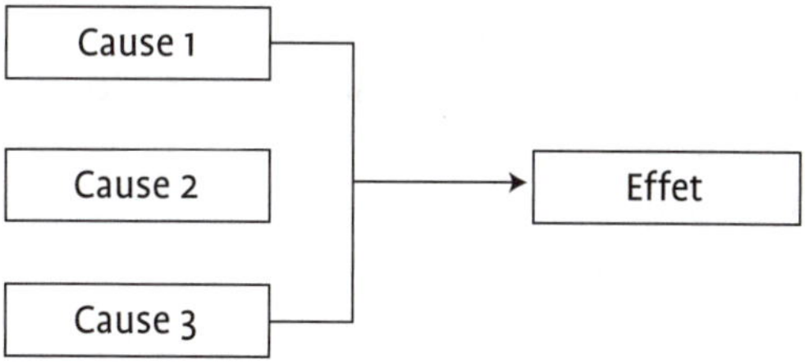

- l'arbre des conséquences : une cause – plusieurs effets (ou conséquences) ;

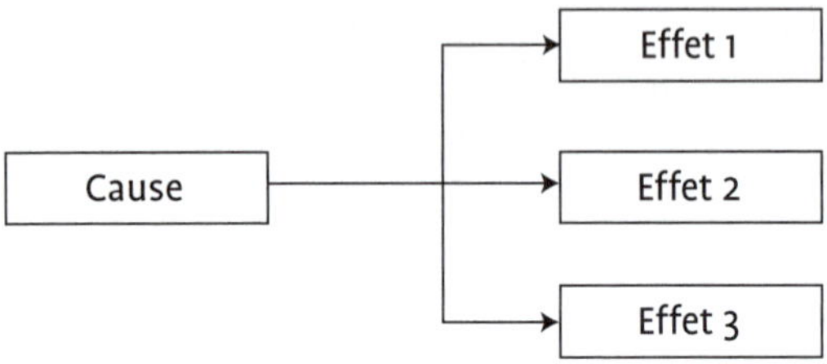


- le schéma systémique qui prend en compte les mécanismes de rétroaction (*feed-back* ou causalité circulaire) et peut donc décrire des enchaînements de relations plus complexes.

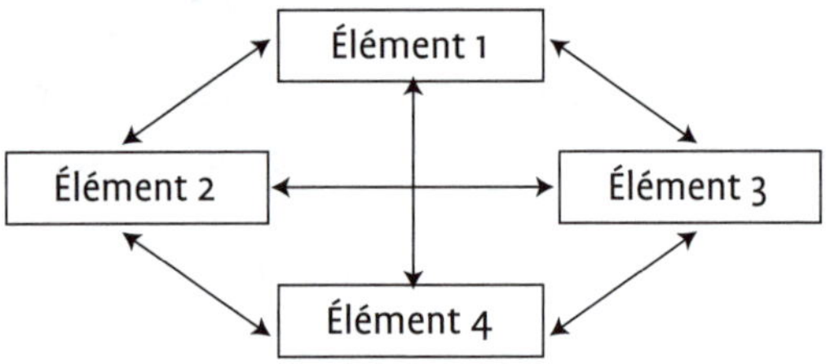


Un autre type de schémas est proposé par Tony Buzan, les schémas heuristiques (le terme heuristique signifiant « qui aide à l'invention ») [16].

Les règles d'élaboration de ce type de schémas sont les suivantes :

1/ noter au centre de la feuille le thème traité ;

2/ noter, tout autour, sur différentes branches partant du centre, les mots-clés, phrases courtes ou dessins qui viennent à l'esprit par association libre d'idées ;

3/ poursuivre la ramification des branches par association d'idées.

À titre d'exemple, nous présentons ci-après un schéma heuristique qui est à l'origine du texte que vous lisez actuellement sur la technique des notes visuelles.

Pour Tony Buzan, les notes structurées sous forme de schémas sont nettement plus efficaces, car notre cerveau ne fonctionne pas par enchaînements linéaires mais par interconnexions de concepts-clés.

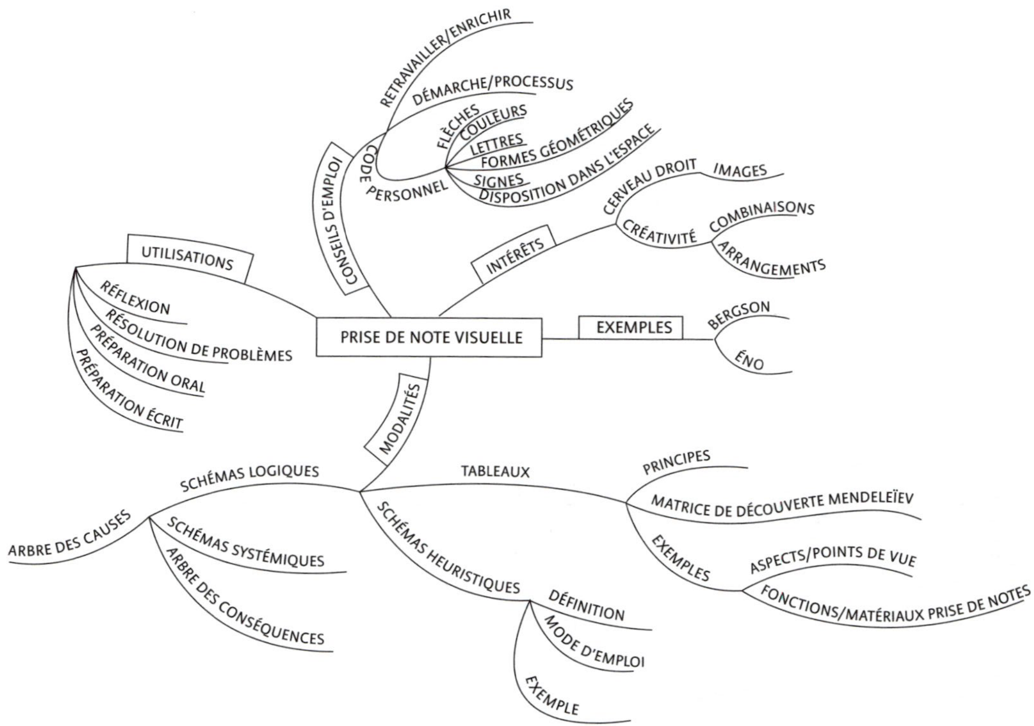


**Exemple de schéma heuristique à propos de la technique de prise de notes visuelles**

Les tableaux peuvent aussi servir à la recherche et à la production d'idées, dans la mesure où on s'en sert comme grilles de réflexion et de création. Un tableau est créé par l'interaction de deux listes. Il permet une mise en relation, un croisement de deux ensembles d'éléments et une exploration systématique du champ des possibles qui en résulte. C'est la technique de la matrice de découverte. L'exemple le plus célèbre est le tableau réalisé par Mendeleïev à la fin du siècle dernier, qui a permis non seulement de classer les éléments connus, mais aussi de remplir les cases vides pendant quatre-vingts ans et à travers l'interprétation de cette classification, de faire évoluer la théorie de la matière.

À titre d'illustration et pour vous donner des idées pour créer vos propres tableaux de réflexion et de découverte, nous vous présentons :

- un tableau aspects/points de vue, non rempli, utilisable pour l'analyse et la résolution de divers problèmes d'entreprise,
- un tableau fonctions/matériaux, partiellement rempli, relatif à la prise de notes.

Matrice d'analyse et de découverte des différents points de vue des acteurs d'une entreprise sur les différents aspects d'une situation.

| Aspects (de la situation) / Points de vue (des acteurs) | Économique | Commercial | Technique | Social | Organisationnel | Etc. |
|---|---|---|---|---|---|---|
| Direction | | | | | | |
| Encadrement | | | | | | |
| Personnel | | | | | | |
| Syndicats | | | | | | |
| Clients | | | | | | |
| Etc. | | | | | | |

Matrice d'analyse et de découverte des différentes formes de prise de notes.

| Fonctions de la prise de notes / Matériaux de la prise de notes | Préparer | Enregistrer |
|---|---|---|
| ce qu'on entend | | – notes de cours ou de conférences<br>– compte rendu de réunion |
| ce qu'on voit | | – compte rendu de visite<br>– rapport d'étonnement |
| ce qu'on lit | | – notes de lecture |
| ce qu'on dit | – notes avant exposé<br>– notes avant intervention dans un échange | |
| ce qu'on fait | – listes d'objectifs<br>– plan d'action<br>– fiches pense-bête | – tableau de bord |
| ce qu'on pense | | – piège à idées<br>– notes de chevet<br>– journal |

Les schémas et les tableaux sont des outils de créativité individuelle que vous pouvez utiliser pour développer votre réflexion personnelle, résoudre un problème, préparer une intervention orale ou un texte écrit.

Pratiquez-les de façon dynamique et personnalisée. Dessinez des ébauches, que vous retravaillerez ou recommencerez ensuite en les modifiant et en les enrichissant. Envisagez-les comme une démarche, un processus où les structures et les mises en relation comptent plus que les éléments eux-mêmes, pris isolément. Donnez-leur votre touche originale et personnelle. Créez vos propres codes en jouant sur les flèches, les couleurs, les lettres (minuscules ou majuscules), les formes géométriques (carrés, rectangles, cercles, ellipses, etc.), les signes (astérisques, croix, points d'exclamation ou d'interrogation, etc.), la disposition dans l'espace de la feuille, etc.

## Le journal

De nombreux écrivains ont tenu leur journal personnel : Stendhal, Vigny, Michelet, Baudelaire, Gide, Léautaud, Kafka, Pavese, Jouhandeau, Maurois, Lamartine, etc. De nombreux inconnus aussi... et pas seulement des adolescents ! Autrefois les familles enregistraient sur des livres de raison toutes sortes d'informations relatives aux événements de la vie quotidienne : naissances, mariages, décès, nouvelles heureuses ou malheureuses, visites, états de santé, situation financière, etc.

Le journal est un écrit pour soi, non destiné à être communiqué. Il s'élabore, progressivement par une prise de notes régulière, sinon quotidienne. Le journal intime évoque la vie privée ou personnelle, les sentiments, les relations affectives. Mais tout journal n'est pas un journal intime. Ce peut être aussi un journal de bord qui enregistre les activités (vie professionnelle, voyages, loisirs, stages, etc.) ou un travail intellectuel (réflexions, recherches, idées, etc.).

**Les carnets de Léonard de Vinci sont constitués de notes sans ordre, non classées, ne contenant rien de personnel ou d'intime, mais aussi bien des détails de la vie pratique (comptes, costumes), que des thèmes de recherche et d'expérimentation dans les domaines les plus divers (philosophie, médecine, astronomie, botanique, mathématiques, plans de machines diverses, etc.). Ces notes, de plus de cinq mille pages, ont été accumulées pendant quarante ans sur des petits carnets qu'il avait toujours sur lui.**

Paul Valéry, quant à lui, écrivit ses cahiers, soit plus de vingt-six mille pages, presque chaque jour de 1894 à 1945. Le matin, à partir de 4 ou 5 heures, ce veilleur de l'aube ressentait un besoin quasi-physique de noter ses pensées et ses réflexions qui touchaient comme celles de Léonard de Vinci aux domaines les plus variés du savoir. Pour lui, qui se définissait comme un écriveur, son journal de bord qu'il appelait aussi *log-book* ou *self-book* était un moyen de faire ses exercices ou ses gammes d'écriture.

# 7. Pour créer

La tenue d'un journal correspond à une systématisation de la prise de notes pour soi.

**C'est une démarche qui permet :**

- **de provoquer et de valoriser l'expression personnelle ;**
- **de déclencher l'écriture par un entraînement régulier ;**
- **de prendre du recul par rapport au quotidien et de se distancer face à l'événement ;**
- **d'enregistrer et de fixer sur le papier des actions, situations ou réflexions, pour en garder une trace ;**
- **de mieux se connaître et de développer sa personnalité par l'auto-analyse ;**
- **de se souvenir du passé par une relecture à plusieurs années de distance.**

L'écriture d'un journal favorise la créativité dans la mesure où elle facilite des analyses et des productions d'idées personnelles et où elle permet d'accumuler un matériau original utilisable par la suite, et source d'annotations nouvelles. C'est aussi une école de persévérance dans la création. Enfin, un journal peut être un laboratoire d'expérimentation pour de nouvelles formes d'écriture ou de recherche créative, comme la prise en notes des rêves, pratiquée par Georges Perec ou par les adeptes du développement de l'utilisation des facultés du cerveau droit.

Max Jacob conseillait :

> **« Prenez des notes tous les jours. (...) Si j'avais écrit le journal de ma vie au jour le jour, j'aurais aujourd'hui le dictionnaire Larousse. Un mot écouté, et voilà toute une atmosphère reconstituée ! Ah ! Tout ce qu'on perd ! Toutes les perles perdues. Écrivez le journal de votre vie. »**

Avec Internet est née une nouvelle forme de journal, le blog (contraction de weblog) : c'est un site web individuel sur lequel une personne s'exprime et reçoit en retour les réactions de ses lecteurs. Pour Bernard Sananes, directeur général adjoint d'Euro-RSCG :

> « C'est à la fois un journal récréatif et un instrument qui va bouleverser la relation avec le client. Avec votre blog, vous pouvez nouer une relation sur mesure avec vos fournisseurs, vos salariés ... »

Michel-Edouard Leclerc, autre praticien, y consacre une demi-heure par jour :

> « De tous temps, tous les jours, j'ai écrit ce que je ressentais. Jusqu'ici je couchais mes pensées sur un bloc-notes en papier. Depuis le début du mois de janvier (2005), je les rédige sous le regard de gens intéressés qui réagissent à mes propos. Je teste mes idées ...[17] »

## Le monstre

L'expression de « monstre » vient de Maurice Barrès. Jean Guitton la rappelle et la commente, en partant de la description des méthodes de travail de l'écrivain par son secrétaire : « Tout était recueilli, capté, rien ne pouvait s'égarer de ce qui lui passait dans l'esprit. Et ces morceaux épars, de qualités très diverses, où des pages brillantes en faisaient paraître d'autres assez pauvres et quelquefois plates, finissaient par composer une masse considérable et informe, qu'il appelait d'un nom qui lui convenait à merveille. Il l'appelait le monstre. Un monstre ! Mais le monstre était là. Une réalité hirsute, mais sur laquelle on s'appuyait [18]. »

Le monstre est un fourre-tout, une accumulation hétéroclite de matériaux variés (notes, fiches, schémas, documents divers, etc.).

Sa première fonction est de recueillir et de stocker l'information. Il constitue une mémoire des idées obtenues selon les différentes techniques évoquées par ailleurs dans ce chapitre (piège à idées, notes de chevet, brainstorming en solo, prévision créatrice, etc.). C'est une banque à idées sur un thème ou un ensemble de thèmes, à laquelle on se reporte à chaque fois qu'on le souhaite.

Sa deuxième fonction est une fonction de classement des idées. Concrètement, le monstre peut exister sous la forme de dossiers, de chemises, de classeurs, de carnets, de boîtes, de cartons, de tiroirs, de fichiers et dossiers d'ordinateur, de disquettes, etc., comprenant ou non différentes rubriques. Les structures du classement lui-même doivent être considérées comme provisoires et évolutives.

Enfin, la troisième fonction du monstre est une fonction de stimulation de la créativité. Ce matériau en cours d'élaboration, mélange d'ordre et de confusion, composé d'éléments disparates, constitue un bouillon de culture propice à la création. C'est un déclencheur d'idées nouvelles et de synthèses originales.

Utilisé comme moyen pour s'imprégner d'un problème ou d'un sujet, il peut concrétiser le travail conscient de la phase de préparation (recueil et analyse de l'information), faciliter le travail de l'inconscient lors de la phase d'incubation, et susciter l'émergence d'illuminations intéressantes.

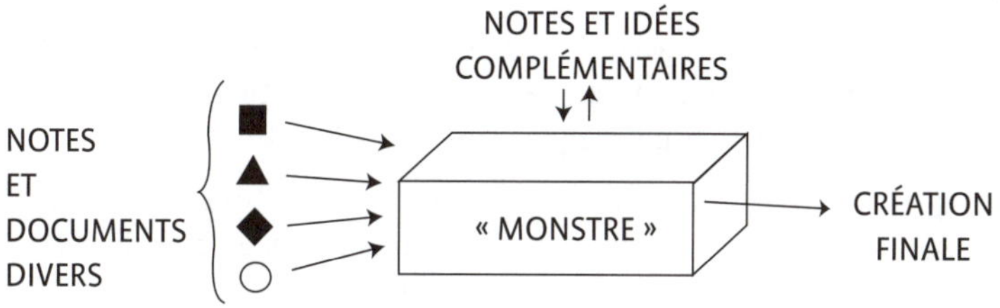


## Le monstre comme système d'aide à la création

La technique du monstre peut vous servir à exploiter et à faire fructifier les notes que vous prenez sur un problème à résoudre, un thème à étudier ou un travail à préparer. Rassemblez ces notes, ainsi que tous les documents qui vous sont utiles, puis essayez de les classer selon un ordre relatif. Enrichissez-les par d'autres apports extérieurs ou en notant et classant les réflexions complémentaires qui vous viennent spontanément à l'esprit. Changez l'ordre et le classement à chaque fois que vous le jugez utile. Laissez le temps et votre inconscient faire leur travail de maturation et de décantation. Et à l'échéance puisez dans le monstre et dans votre esprit pour élaborer le produit final (décision, rédaction d'un écrit, préparation d'une intervention orale, etc.).

## La liste positive

À titre d'entraînement à la créativité, Hubert Jaoui [19] propose un exercice, emprunté à Sydney X. Shore, éditeur du journal *Creativity in action* :

« Vous venez d'apprendre que vous êtes ruiné. Vous avez perdu votre emploi. Votre femme vous a quitté. Quelles sont toutes les conséquences positives qu'entraîneront pour vous ces événements ?

Notez-les sur une feuille de papier. »

Nils Soderquist, dirigeant d'entreprise, a raconté qu'il pratiquait la démarche suivante : « Chaque 31 décembre à midi, je m'offre une coupe de champagne, je m'installe confortablement, je prends un papier et un crayon et je note tout ce que j'ai fait de bien dans l'année qui s'achève. »

Ce sont là deux exemples de la technique de la liste positive. Elle permet de se focaliser sur le positif qu'on porte en soi ou qu'on peut découvrir chez les autres ou dans une situation à laquelle on est confronté.

La pensée positive est un élément-clé du comportement créatif, et plus largement de la réussite personnelle et professionnelle. Émile Coué, dont on s'est moqué un peu rapidement, proposait d'utiliser positivement le pouvoir de l'autosuggestion en se répétant quotidiennement à soi-même la formule : « Tous les jours, à tous points de vue, je vais de mieux en mieux. »

Le docteur Maxwell Maltz, chirurgien esthétique, découvrit à travers sa pratique, l'importance d'une image de soi positive. Certains patients, même après une opération, ne se portaient pas mieux parce qu'ils avaient conservé d'eux-mêmes une image négative. Warren Bennis et Burt Nanus, qui ont mené une étude approfondie auprès de dirigeants d'entreprises ou d'organisations très variées, en déduisirent que le leadership efficace est le résultat d'une image de soi positive et d'une attitude positive face aux situations rencontrées et aux problèmes à résoudre [20].

**_A contrario_, rien ne vaut une pensée négative pour engendrer l'échec. Sur le mode humoristique et paradoxal, certains auteurs proposent des techniques de listes négatives comme moyen de se rendre malheureux sans l'aide de quiconque [21] :**

**1/Établissez une liste de tous les gens que vous connaissez qui sont plus jeunes que vous et qui réussissent mieux.**

**2/Établissez une liste de tout ce que vous avez failli réussir mais que, pour une raison ou une autre, vous avez raté.**

**3/Faites une liste de toutes les grandes choses que vous n'aurez plus jamais l'occasion de réaliser.**

Plutôt que d'enclencher ainsi une dynamique négative de l'échec (cercle vicieux), prenez l'habitude des listes positives qui provoquent, elles, une dynamique positive de la réussite (cercle vertueux = le positif génère le positif : *nothing succeeds like success* disent les Américains). Prenez mieux conscience de vos richesses en listant vos atouts personnels et professionnels, vos compétences, vos expériences, vos succès, les éléments de votre potentiel, etc. De même, dans les situations que vous rencontrez, listez les éléments positifs et les points forts.

Bien sûr, tout n'est pas positif en chacun de nous et dans le monde. Mais la pensée positive est d'abord une attitude, non pas angélique, mais optimiste et tournée vers l'action. Ainsi, des listes de problèmes vous seront utiles, mais envisagez-les comme des listes d'opportunités de progrès et non comme des listes de déficiences.

De même, si vous tenez à jour une liste de vos erreurs, ne la considérez pas comme la liste de vos échecs mais comme celle de vos apprentissages.

## Le rapport d'étonnement

C'est une technique qui consiste à enregistrer, dans le cadre d'une observation de l'environnement, les faits surprenants, nouveaux, originaux qu'on y observe. Georges Archier et Hervé Sérieyx en ont constaté la pratique dans diverses entreprises du troisième type[22]. Elle peut, bien sûr, être utilisée à titre personnel. Elle permet de s'entraîner à des attitudes d'écoute, d'observation et d'ouverture sur l'extérieur et à l'innovation. Noter systématiquement ce qui est étonnant, inhabituel, inattendu, c'est mettre en pratique le principe de William Gordon, le père de la synectique [23] et de l'utilisation de la démarche analogique en créativité, qui conseillait de rendre le familier étrange et l'étrange familier. C'est l'œil neuf et l'accueil favorable des idées différentes, voire leur recherche organisée dans le cadre d'un balayage de l'environnement. C'est pratiquement ce qu'on appelle aujourd'hui la veille technologique ou socio-économique, c'est-à-dire le repérage autour de soi des signaux externes d'évolution ou de mutation.

Le rapport d'étonnement va à l'encontre d'attitudes encore trop souvent dominantes de xénophobie par rapport aux idées venues d'ailleurs, traduisant en profondeur un mépris de l'autre (le collègue, le collaborateur, le concurrent, etc.). C'est ce que les Américains ont identifié comme le syndrome du « N.I.H. » (*Not Invented Here* : « ça ne nous intéresse pas parce que ça ne vient pas de nous »). Syndrome hautement destructeur quand on sait que la démarche créative repose sur des processus de fertilisation croisée, c'est-à-dire de rassemblement original d'idées ou de concepts hétérogènes qui jusqu'alors n'avaient pas été mis en relation.

Envisagez donc le rapport d'étonnement comme une technique qui peut vous permettre d'exploiter de façon créative vos expériences, observations, visites, contacts, lectures, etc. Plutôt que de ne rien noter ou de ne faire qu'une retranscription classique qui risque d'être conformiste, ennuyeuse et peu utile pour innover, notez de façon sélective ce qui n'était pas prévu ou attendu, ce qui vous semble insolite ou paradoxal, ce qui vous fait réagir, ce qui stimule votre imagination, etc.

*Vous pouvez par exemple, sur un thème qui vous intéresse à titre personnel ou professionnel, rechercher et relever « comment font les autres » et noter, en les décrivant succinctement ou en détail, les bonnes pratiques, les pratiques originales ou simplement intéressantes, pour vous ou pour autrui, que vous découvrirez à l'occasion de vos déplacements, d'échanges, de lectures, de recherches sur Internet.*

# La prévision créatrice

Envisager un futur souhaité, le décrire de façon réaliste et convaincante, et s'en imprégner de façon à faciliter son avènement, telle est la démarche que nous appelons prévision créatrice, où la prise de notes s'accompagne du développement d'images mentales positives. De nombreuses études, ainsi que les récits de différents créateurs, champions ou leaders, ont mis en évidence que la haute performance dans quelque domaine que ce soit (les affaires, la vente, le sport, l'art, etc.) est due à une préparation technique, mais aussi pour une large part, à une préparation psychologique et mentale [24].

Celle-ci se manifeste par une capacité à visualiser le résultat visé et à le répéter mentalement, comme un acteur répète son rôle. De nombreux sportifs s'entraînent physiquement, mais aussi dans leur tête en imaginant différents scénarios de réussite. Avant une réunion, un entretien ou une négociation, des responsables anticipent les conditions et les caractéristiques d'une communication favorable en envisageant les comportements à développer dans différentes circonstances. Dans le domaine du management, les leaders développent et font partager un projet pour leur organisation, c'est-à-dire une vision mobilisatrice de ce qu'elle est et de ce qu'elle doit devenir. L'efficacité de ces démarches repose sur le fait que l'énergie concentrée sur une cible pousse l'individu vers le but qu'il désire atteindre. De plus, le cerveau ne fait pas la différence entre ce qui est pensé intensément et ce qui est vécu réellement, intégrant ainsi un schéma de réussite qui facilite l'obtention ultérieure de succès véritables. À la différence des techniques étudiées précédemment, qui partent du problème pour aller vers la solution, la démarche de la prévision créatrice part de l'objectif visé pour susciter les moyens d'y parvenir. Dans les techniques étudiées précédemment, l'avenir est ouvert, il s'agit de l'inventer. Dans la technique de la prévision créatrice, un certain avenir souhaitable ayant déjà été identifié, il s'agit de s'en rapprocher.

**La prévision créatrice correspond en fait à une démarche volontariste et prospective. D'une part, comme nous venons de le souligner, l'avenir est ciblé et tous les futurs ne sont pas envisagés. D'autre part, la conduite de l'action ne se fait plus de façon réactive (régulation par le *feed-back* : adaptation en fonction des retours d'information) mais de façon proactive (régulation par le *feed-forward* : le présent se nourrit déjà de l'avenir).**

Un exemple de prise de notes fonctionnant selon le principe de la prévision créatrice est la technique du présumé, développée dans certains séminaires de développement personnel et de gestion du temps[25]. Elle consiste à se projeter dans l'avenir pour décrire au présent des événements actuellement non encore réalisés. Par exemple, choisissez un projet ou un objectif dont la réalisation vous importe : un changement d'organisation, une évolution professionnelle ou personnelle, etc. Supposez que vous êtes plus vieux de six mois, ou d'un an, et que ce que vous désirez s'est réalisé. Décrivez précisément au présent la nouvelle situation, comment vous la vivez et la ressentez, les avantages que vous en retirez. Récapitulez aussi par écrit, au passé, les différentes étapes qui vous ont permis d'en arriver là, les moyens et les démarches que vous avez dû mettre en œuvre, etc.

En fait, il vous appartient, à partir de ces quelques consignes de base, de donner à votre présumé la forme que vous souhaitez. Une fois écrit, rangez-le et notez sur votre agenda ou un planning de vous y reporter dans quelque temps, au plus tard à la date que vous avez choisie comme présent fictif dans votre rédaction. Même si vous oubliez ce que vous avez écrit dans votre présumé dans l'intervalle, il jouera son rôle d'orientation inconsciente de votre action.

D'une façon générale, développez vos facultés d'anticipation en imaginant différents scénarios relatifs aux problèmes que vous voulez résoudre ou aux objectifs que vous voulez atteindre. Prenez des notes pour préparer les images mentales et les visualisations nécessaires (en en rassemblant les ingrédients de base, en ébauchant des schémas) et pour en garder une trace. Projetez-vous dans l'avenir pour mieux orienter votre présent. Écrivez différents chapitres du roman dont vous voulez être le héros.

## Les notes mentales

Il arrive qu'on ne puisse noter immédiatement sur du papier une idée ou une information dont on souhaite cependant garder une trace. La raison qui nous empêche de prendre une note peut être d'ordre matériel (je conduis ma voiture, je me baigne dans une piscine, je n'ai pas de quoi écrire sur moi ni à proximité...) ou psychologique (mon interlocuteur m'a demandé de ne pas noter le point qu'il développe, ou je crains d'être perçu comme inquisiteur si j'écris au cours d'un dialogue informel).

Ces diverses situations peuvent nous amener à pratiquer la tactique des notes mentales qui consiste à enregistrer dans son esprit ce qu'on ne peut prendre en note sur du papier... du moins pour le moment. Cette tactique ne produit pas, par elle-même, d'idées nouvelles, mais elle facilite la réflexion créative en permettant qu'elle soit productive même lorsque le lieu ou le moment n'autorisent pas l'écriture. Elle est en elle-même une démarche créative puisqu'elle amène à utiliser différents procédés originaux pour noter sans support matériel et utiliser sa mémoire... sans aide-mémoire.

**Exemple :**

*Nous allons évoquer certains de ces procédés sur un exemple concret. Supposons que tout en vous livrant à votre sport favori, des idées vous viennent concernant une réunion de travail sur la qualité que vous allez animer la semaine prochaine. Vous pensez qu'il faudrait :*

*1/ faire le point sur les résultats des baromètres de satisfaction des clients ;*

*2/ envisager de mesurer le coût économique de la non-qualité ;*

*3/ revoir le fonctionnement des groupes d'amélioration de la qualité ;*

*4/ inviter des experts, témoins ou praticiens extérieurs ;*

*5/ former l'ensemble du personnel à l'élaboration et à la négociation de contrats de service dans le cadre des différentes relations clients-fournisseurs ;*

*6/ valoriser les réussites en matière de qualité, etc.*

*Admettons que vous récoltiez ainsi une dizaine d'idées. Comment les noter mentalement avant de pouvoir plus tard les retranscrire sur un papier ?*

*Vous pouvez d'abord regrouper certaines idées autour de mots-clés ou d'idées-forces, de façon à réduire le nombre total d'éléments à garder en mémoire.*

*Par exemple, les idées 1 et 2 peuvent se regrouper autour de la notion centrale de mesure (économique ou de satisfaction du client). Différentes études sur la capacité de la mémoire immédiate ont montré que celle-ci est limitée à environ sept éléments indépendants. Ramener votre liste d'une dizaine d'idées à six ou sept notions-clés vous évite donc le risque d'oubli de certains points essentiels.*

*Vous avez ensuite intérêt à organiser vos idées, à les structurer pour en faire un système cohérent. On ne retient bien que ce qui a un sens, ce qui est mis en ordre et hiérarchisé. Dans le cas présent, vous pouvez organiser vos idées sur la qualité selon différents plans :*

- *le passé, le présent, le futur ;*
- *diagnostic, action, contrôle ;*
- *l'entreprise, le service, l'individu ;*
- *etc.*

Pour bien enregistrer une idée, cherchez également à mobiliser toutes vos perceptions sensorielles sur elle. Il faut chercher à la visualiser, à la répéter mentalement, à la ressentir concrètement. On appelle synesthésie cette capacité à associer à une information des sensations multiples, qui permet d'en améliorer le souvenir à travers différentes évocations mentales.

Enfin, pour bien retenir des idées nouvelles, cherchez à les associer à des concepts, schémas, plans de travail que vous maîtrisez déjà. Le parfait mémorisateur cherche à relier des informations nouvelles à celles qu'il possède déjà, et par là à les ancrer dans sa mémoire à long terme.

# Chapitre 8

# Prendre des notes pour s'organiser

Le matériel de base de l'organisation personnelle, c'est un cerveau, et des supports de prise de notes : papier et un crayon ou moyens plus modernes, PDA ( assistant personnel électronique) et ordinateur.

L'organisation personnelle n'est pas quelque chose de compliqué. Mais elle nécessite une forte motivation, fondée sur la recherche du plaisir aussi bien que de l'efficacité, ainsi qu'une pratique constante et une réflexion permanente.

L'organisation personnelle passe par de nombreux types de prises de notes que nous allons passer en revue dans les pages qui suivent.

Notre objectif est de vous présenter les démarches et les techniques les plus courantes et jugées par nous les plus intéressantes et les plus efficaces. Nous souhaitons vous donner des idées pour analyser vos pratiques actuelles et les enrichir par des variantes ou de nouvelles approches.

## La liste des choses à faire

C'est une pratique déjà largement développée. Elle gagne pourtant à être encore répandue et systématisée. Beaucoup de gens font trop souvent confiance à leur mémoire. À tort, car ils courent le risque de l'oubli ou de l'encombrement de cette mémoire. Einstein avait noté son propre numéro de téléphone et se refusait à le connaître par cœur afin d'économiser sa mémoire pour des choses plus importantes pour lui. Kasparov, qui est considéré comme une hypermémoire et se souvient de milliers de parties d'échecs, a constaté que sa mémoire se bloque quand il emmagasine trop d'informations inutiles : il note ses rendez-vous sur des petits bouts de papier.

Une liste permet d'éviter l'oubli et soulage la mémoire, mais elle permet aussi de prendre du recul par rapport à l'événement et d'éviter le stress. Établir une liste, c'est à la fois intégrer l'événement, l'imprévu, l'urgence et prendre du recul. Une fois les choses notées, elles sont enregistrées, prises en compte et en même temps objectivées. Elles deviennent du matériel sur lequel on travaille, en décidant ce qui doit être fait tout de suite, plus tard, ou jamais, ce qui peut être délégué, ce qui mérite plus ou moins de temps, etc.

La liste est un premier outil de maîtrise de son temps qui permet une vision globale de l'ensemble des activités et une réflexion sur l'organisation de celles-ci.

**Les listes de choses à faire peuvent prendre des formes très variées. Vous pouvez, comme certains, utiliser une liste unique, que vous actualisez en permanence, en intégrant au fur et à mesure les nouvelles activités à réaliser et en rayant ou effaçant celles qui sont terminées. Vous pouvez aussi, comme d'autres, éclater une liste de base en plusieurs listes spécifiques :**

- **des listes de choses à dire et de points à aborder avec différents interlocuteurs ;**
- **une liste d'appels téléphoniques à donner ;**
- **une liste d'actions personnelles à entreprendre ;**
- **une liste de choses à faire faire ou à déléguer ;**
- **une liste de problèmes à résoudre, par vous ou par d'autres.**

Lorsqu'il était président de Pepsi Cola, Andy Pearson a déclaré qu'un de ses outils de management les plus utiles était une liste manuscrite de problèmes et d'opportunités qu'il tenait à jour pour chacune des divisions dont il avait la charge. Cette liste évolutive, réactualisée trois ou quatre fois par an, lui permettait de garder l'œil sur l'essentiel[26].

## La liste d'objectifs

Tenir une liste de choses à faire permet de travailler au niveau du quoi : quelles tâches ou activités mener ? Tenir une liste d'objectifs amène une réflexion et une action au niveau du pourquoi : quels sont les buts que je vise, les résultats que je veux atteindre ? C'est un niveau d'implication à la fois plus difficile et plus fondamental.

Depuis longtemps, la notion d'objectif est centrale dans la théorie et la pratique du management. On sait que l'entreprise, l'unité ou l'individu qui n'ont pas d'objectif risquent de n'aboutir nulle part. Sans cible, pas de performance. Sans cap, le navire dérive.

Pourtant de nombreuses personnes, dans leur vie professionnelle ou personnelle, subissent la pression des événements et de l'environnement, ainsi que la tyrannie du court terme et naviguent à vue, quand ce n'est pas sans visibilité, ne se sentant pas vraiment acteurs de leur existence et ne parvenant pas à inscrire leurs actions dans un projet ou dans une stratégie individuelle.

Si vous voulez rester maître à bord et augmenter vos chances d'arriver à bon port, établissez la liste de vos objectifs.

## Comment procéder ?

**Selon une démarche de libre association créative (voir la méthode de brainstorming) en notant en vrac toutes les idées qui vous viennent à l'esprit à partir de questions telle que :**

**Qu'est-ce que je recherche dans l'existence ?**

**Quels sont mes buts fondamentaux dans la vie ?**

**Qu'est-ce qui est pour moi important et essentiel ?**

**Quels sont mes désirs les plus profonds ? qu'est-ce qui me motive ?**

**Quels sont les principaux domaines de ma vie professionnelle et personnelle dans lesquels je veux obtenir des résultats ?**

**Quels résultats précis et mesurables est-ce que je souhaite atteindre et pour quand ?**

**Qui voudrais-je être et comment voudrais-je vivre et travailler dans cinq ans, dix ans ?**

**S'il ne me restait plus que six mois à vivre, sur quoi concentrerais-je mon énergie ?**

À partir des idées que vous avez listées en vrac, vous pouvez formuler un certain nombre d'objectifs, c'est-à-dire de buts concrets, contrôlables, motivants, ambitieux mais accessibles. Vous pouvez établir une ou plusieurs listes d'objectifs, selon que vous distinguerez ou non différentes catégories :

- les objectifs personnels et les objectifs professionnels ;
- les objectifs de vie (à moyen et long terme) et les objectifs immédiats (à court terme, de un jour à un an).

### Les différents types d'objectifs à lister

Conservez avec vous chaque liste d'objectifs et relisez-la régulièrement. Imprégnez-vous de chaque objectif et pratiquez la technique de la prévision créatrice en l'imaginant atteint et en visualisant sous forme d'images mentales positives les conditions et les caractéristiques de cette réalisation.

Revoyez, adaptez et actualisez régulièrement chaque liste d'objectifs. Intégrez-y de nouvelles opportunités, de nouveaux défis, de nouveaux désirs. Supprimez ce qui ne vous motive plus, ou vous semble irréalisable. Une liste d'objectifs doit rester attractive et évolutive, et ne saurait devenir un carcan. Son efficacité est avant tout pédagogique : penser et agir en fonction du futur et non du passé, élargir son horizon temporel, s'obliger à formuler précisément ce que l'on veut, raisonner résultats et non efforts, mobiliser et concentrer son énergie sur une cible mentale.

Plus que le contenu même d'une liste d'objectifs, c'est donc la démarche de son élaboration et de son utilisation qui compte. Selon la formule consacrée, « il est bien pire de ne pas avoir de but que de ne pas atteindre celui qu'on s'était fixé ».

## La liste de priorités

Une liste de priorités est une des deux listes précédentes (liste de choses à faire ou liste d'objectifs) dans laquelle on a opéré une sélection ou un classement des éléments. Ainsi, classer dix objectifs par ordre d'importance décroissante ou n'en retenir que trois comme essentiels, permet de passer d'une simple liste d'objectifs à une liste de priorités.

La notion de priorité est un facteur d'efficience dans la mesure où elle permet de concentrer l'action sur l'essentiel. Jean Monnet raconte comment il constata lors de la mise en place du premier plan français, que cette logique des priorités n'était pas habituelle : « Pour ce qui serait de l'action à entreprendre, je savais que nous aurions à nous concentrer sur cinq ou six points décisifs. Les autres resteraient comme des repères utiles pour orienter, encourager ou freiner les initiatives dans les secteurs moins importants, ou en tout cas moins urgents. Une fois de plus, et non la dernière, j'eus à expliquer, à justifier le choix de priorités aussi bien aux producteurs qu'aux consommateurs et aux pouvoirs publics, qui veillent aux arbitrages : la tendance naturelle des uns et des autres est de continuer à faire tout à la fois. On dirait qu'il n'est pas de plus grand effort pour l'homme que de hiérarchiser ses efforts[27]. »

Les vraies priorités sont peu nombreuses, et c'est celles-là qu'il convient de bien prendre en considération. Le principe de Pareto met en évidence que dans bien des cas 20% seulement des actions produisent 80 % des résultats. À vouloir tout faire de la même façon, on se perd dans l'accessoire et on ne se consacre pas assez à l'essentiel.

**Quand vous rédigez une liste de priorités, vérifiez bien que vous privilégiez le critère d'importance (contributions, résultats) par rapport à d'autres critères tels que l'urgence (délai, échéance), les motivations ou préférences personnelles, la facilité, etc., souvent mis en avant dans la pratique, mais au détriment de l'efficacité.**

**Concentrez-vous sur un nombre limité de priorités (3 à 5 dans la plupart des cas). Utilisez votre liste de priorités comme un outil d'analyse critique de la façon dont vous répartissez votre temps. À partir de relevés de votre temps, identifiez les secteurs non prioritaires auxquels vous consacrez trop de temps et inversement les secteurs prioritaires que vous négligez. Reliez systématiquement la plus grande partie de vos actions quotidiennes à vos priorités immédiates mais aussi à vos priorités à moyen terme. Inversement, éliminez ou réduisez toutes les activités sans lien clair avec vos priorités, établissant ainsi la liste de vos postériorités, selon l'expression de Peter Drucker.**

La liste de priorités est un guide pour votre action et votre organisation personnelle. Elle vous protège du piège qui consisterait à vouloir tout faire, seul, tout de suite. Elle vous permet de mettre en pratique le secret de la gestion du temps que Charles Schwab, lorsqu'il était président de la Bethlehem Steel, acheta 25 000 dollars au consultant Ivy Lee, en estimant que c'était là un des investissements les plus rentables de sa compagnie :

> « Écrivez sur une feuille de papier les six tâches les plus importantes que vous avez à faire demain, et numérotez-les par ordre d'importance. Demain matin, attaquez-vous immédiatement à la tâche numéro un et continuez jusqu'à ce qu'elle soit terminée. Vérifiez votre ordre de priorité, puis attaquez le numéro deux. Aucune importance si une tâche prend toute la journée. Ne la lâchez pas si c'est la plus importante. Si vous ne finissez pas tout, vous n'auriez probablement pas fait mieux avec une autre méthode, et, par l'absence de système, vous n'auriez probablement même pas pu décider quel était le travail le plus important[28]. »

## L'agenda

C'est l'outil de base de la gestion du temps. Largement utilisé, il ne l'est pas toujours de façon rationnelle. D'abord il importe de choisir sa forme, son format, en fonction de ses goûts, de son style de vie et de son type d'activité. L'agenda de poche a l'avantage de pouvoir se transporter partout avec soi, mais sera-t-il assez grand ? Avez-vous besoin – ou envie – d'un agenda à un jour par page, une semaine par page, une semaine sur deux pages, etc. ?

Quel que soit le modèle choisi, il est en général conseillé de réserver l'agenda à sa fonction première : l'enregistrement des rendez-vous et/ou de l'emploi du temps programmé à l'avance. Ce qui suppose qu'on se refuse à y noter les idées qui viennent à l'esprit, les observations que l'on fait, les informations que l'on glane, les priorités que l'on se donne, etc.

Tous ces éléments doivent être enregistrés sur des supports séparés, et non dans les emplacements réservés aux rendez-vous de chaque journée. C'est un point que nous développerons en traitant du système d'organisation personnelle.

Vous pouvez également analyser et rechercher à perfectionner la façon dont vous inscrivez vos rendez-vous. Utilisez-vous un crayon ou un stylo ? Le second permet une écriture plus jolie mais le premier permet d'intégrer de fréquents changements. Notez-vous bien, non seulement l'heure de début mais aussi l'heure de fin prévue d'une activité ? Écrivez-vous non seulement les rendez-vous que vous avez avec autrui mais aussi les rendez-vous avec vous-même, autrement dit le temps que vous vous réservez à l'avance pour des travaux personnels, de l'organisation, du classement, de l'information, de la réflexion, de la conception, etc. ?

Vous gardez-vous d'enchaîner rendez-vous sur rendez-vous, activités programmées sur activités programmées, et vous préservez-vous des trous dans l'agenda, des marges de manœuvre, des zones de liberté pour intégrer les débordements et les imprévus ?

## Le plan de journée

Un plan de journée est un support de gestion du temps qui regroupe les fonctions de l'agenda et celles d'une liste quotidienne de choses à faire ou mieux, de priorités. Sur la partie agenda sont notés les rendez-vous et les travaux préprogrammés, sur la partie liste d'activités différents travaux à exécuter, pouvant être affectés d'un coefficient de priorité et éventuellement répartis en différentes catégories (telles que : faire, voir, téléphoner...).

Un plan de journée peut être un imprimé spécifique, ou peut être construit rapidement en associant à un agenda classique une liste de choses à faire ou de priorités, ou en découpant en deux l'espace d'un agenda (la partie gauche étant réservée à l'inscription des rendez-vous, la partie droite à la formulation des activités à mener et/ou des priorités).

| MARDI 8 JANVIER | |
|---|---|
| 8 | |
| 9 | |
| 10 | Préparation salon |
| 11 | |
| 12 | |
| 13 | |
| 14 | |
| 15 | Réunion Direction Commerciale |
| 16 | |
| 17 | |
| 18 | |
| 19 | |
| 20 | |

AGENDA

+

| À FAIRE | PRIORITÉ |
|---|---|
| Rapport Difac | B |
| Analyse statistique | C |
| Entretien Guyot | A |
| Organisation voyage du 27 | C |
| Réflexion schéma directeur | B |
| Téléphoner à Dupont | A |
| Sopreval | B |
| Lefort-Conseil | C |
| Fédération | B |

LISTE D'ACTIVITÉS

= PLAN DE JOURNÉE

Le plan de journée est un outil très utile de management de son temps. Avant une journée de travail, il incite à planifier et à prévoir : comment se présente la journée à venir ? Quels sont les points de passage obligés et les zones d'autonomie à organiser librement ? Quelles sont les priorités ? Qu'est-ce qui semble faisable et qu'est-ce qui ne sera probablement pas fait ? Etc.

Cette réflexion préalable, que certains appellent le rendez-vous du temps[29] est un point essentiel de la maîtrise de son temps. Elle permet de préparer la journée avant de la vivre, voire de la répéter mentalement selon la démarche que nous avons qualifiée de prévision créatrice.

**On estime en général que dix à quinze minutes de planification préalable d'une journée font gagner outre une plus grande sérénité, une à deux heures dans l'action développée au cours de cette journée. Ces dix à quinze minutes peuvent être investies, suivant les rythmes et les préférences de chacun, la veille au soir ou le matin avant de commencer à attaquer un premier travail. La planification la veille au soir présente toutefois l'avantage de ne pas se faire sous pression et de laisser une nuit de repos entre la prévision et l'action.**

Pendant la phase d'activité, le plan de journée est un outil de pilotage qui permet de maintenir le cap sur l'essentiel. Les imprévus, les travaux supplémentaires sont intégrés, mais positionnés en fonction de leur degré de priorité et des plages de temps disponibles.

Enfin le plan de journée est un instrument d'autocontrôle et de perfectionnement dans la gestion de son temps. La fin de journée est l'occasion d'un bilan : le plan prévu a-t-il été suivi ? Sinon pourquoi ? Les dérives sont-elles justifiées ou non ? Le temps alloué *a priori* aux différentes activités était-il bien évalué ? Le travail fait a-t-il correspondu aux priorités immédiates et/ou aux priorités à moyen terme ? Quels ont été les points manquants de la journée ? En quoi le temps a-t-il été bien ou mal géré ? Quelles sont les activités et/ou les priorités à reporter sur le plan de journée du lendemain ? Etc.

Ce type d'auto-analyse *a posteriori*, ce débriefing avec soi-même après l'action est à la fois un facteur d'efficacité personnelle à court terme et un moyen essentiel d'apprentissage permanent et en profondeur de la gestion de son temps. Le type de démarche engagé avec le plan de journée peut bien sûr être développé sur d'autres périodes telles que la semaine, le mois, le trimestre, le semestre, l'année. À chacun de mettre en œuvre toutes les planifications dynamiques de son temps qui lui seront utiles.

## Le plan d'action

Le plan d'action correspond à une autre modalité de la planification. Le cadre n'est plus une période de temps mais un projet. Le plan d'action est un outil d'organisation de la mise en œuvre d'un projet. Beaucoup de projets en restent au niveau des intentions et ne se réalisent pas dans les faits parce qu'on ne s'est pas donné l'obligation de programmer à l'avance le qui fait quoi pour quand. Le plan d'action est un outil qui facilite le passage à l'acte. Il force à découper un projet global en une succession d'actions concrètes élémentaires.

Ce fonctionnement est d'abord une façon de démarrer. Comme l'a exprimé Lao Tseu, « un voyage de mille lieues commence par un seul pas ». Une longue marche est une suite de petits pas dans une même direction. Cette politique des petits pas (*step by step)* est d'abord une garantie d'efficacité et de réalisme.

Ensuite, un plan d'action oblige à concevoir son itinéraire, à identifier la trajectoire qui sépare le lieu où on est de celui où on veut aller. En réfléchissant sur le chemin à parcourir, on se donne la possibilité de rechercher des parcours astucieux, économiques, qui prévoient ou contournent les obstacles, utilisent au mieux les ressources dont on dispose, intègrent les durées et les échéances, etc.

Enfin un plan d'action est un document écrit. Et écrire, c'est s'engager. Le fait même de le rédiger augmente la probabilité qu'il se réalise.

## Concrètement, la formulation d'un plan d'action suppose que l'on note :

- **l'objectif visé ;**
- **les différentes phases ou étapes du projet, c'est-à-dire les actions ou opérations élémentaires à mettre en œuvre ;**
- **les responsabilités = qui se charge de quoi ;**
- **les délais et les échéances ;**
- **les moyens de contrôle = indicateurs, modalités de suivi, etc.**

**Si nécessaire, on peut également préciser :**

- **les gains ou avantages attendus ;**
- **les ressources et moyens disponibles et/ou nécessaires ;**
- **les obstacles possibles ;**
- **les degrés de priorité de l'ensemble du projet et/ou de ses différentes phases.**

Certains imprimés existent avec les différentes rubriques d'un plan d'action, qu'il ne reste plus qu'à remplir. En fait, il nous semble qu'après avoir bien intégré la démarche du plan d'action, chacun peut avoir l'outil dans la tête et n'importe quel support d'écriture peut se transformer si on le veut en formulaire de plan d'action.

Lorsqu'il est écrit, un plan d'action se garde et se regarde. L'examiner régulièrement permet d'en conserver la mémoire, de s'en imprégner, et donc de l'appliquer. On pourra en inscrire les étapes et les échéances dans son agenda ou dans ses différents plans (de journée, de semaine, etc.).

Il convient aussi de l'adapter, de l'enrichir, de l'actualiser, de le réécrire si le déroulement de l'action le nécessite. Ce n'est qu'un moyen, non une fin en soi ou un texte sacré. Si les conditions de la gestion du projet changent, le plan d'action peut avoir à évoluer.

Un plan d'action sert aussi en continu au suivi du projet. Si on intègre au fur et à mesure les résultats de l'action engagée, il constitue un tableau de bord permettant une régulation ou un pilotage à partir de l'identification des écarts entre le prévu et le réalisé.

## Les notes de terrain

La meilleure façon de suivre et d'adapter en permanence une action engagée, c'est d'avoir un retour d'informations en provenance du terrain, c'est-à-dire des clients, des utilisateurs.

Ce principe semble évident. Mais beaucoup d'organisations (entreprises, administrations) le redécouvrent car la pratique les en a éloignées. La croissance de leurs effectifs, la multiplication des échelons et des spécialistes a fait que peu à peu de nombreux responsables ont perdu le contact direct avec ce terrain. Ce contact est pourtant aujourd'hui un élément stratégique de la qualité de la performance, donc de la pérennité à terme de ces organisations.

D'où ce retour à l'écoute et à l'observation du terrain, actuellement prôné par des formules telles que le management baladeur, appelé aussi management de contact, management visible ou management de terrain. La prise de notes y est décrite comme un moyen privilégié de recueil d'informations concrètes par le responsable qui veut échapper au syndrome du chef dans son bureau coupé des réalités.

Ainsi Georges Archier et Hervé Sérieyx citent ce président d'une chaîne de grandes surfaces : « Le secret de ma réussite ? Je me promène dans mes magasins, j'écoute les clients à longueur de journées, j'observe leurs parcours, et je note tout ce que je vois et entends dans mon petit carnet, ce qui me permet d'orienter l'action de mes directeurs responsables des achats, de l'implantation des rayons et du comportement du personnel ».[30]

Quant à Tom Peters, il précise que la prise de notes est un élément important du management visible : « La prise de notes stimule l'écoute ; elle prouve votre sérieux à votre interlocuteur ». Et il conseille aux managers, lors de leurs visites sur le terrain : « Prenez des notes, annoncez du feedback et donnez-le. »[31]

**Quelle que soit votre fonction, vous avez des clients (internes à votre organisation, ou externes). Que pensent-ils des services ou des produits que vous leur fournissez ? Quels sont leurs éléments de satisfaction et d'insatisfaction ? Avez-vous l'habitude de pratiquer une observation ou une écoute du terrain en prenant des notes ? Comment le faire ou le faire mieux ? Quelles conclusions retirer des informations recueillies pour améliorer votre prestation, ajuster vos objectifs, vos priorités, votre gestion du temps, vos plans d'action ?**

## Les fiches-papier / les fichiers informatiques

Les conditions matérielles de conservation des notes dépendent des choix et éventuellement de l'équipement de chacun. Papier-crayon, PDA-ordinateur, les outils sont différents mais les principes qui régissent leur usage sont les mêmes.

## Les fiches-papier

Si vous préférez prendre vos notes sur des fiches, utilisez des fiches cartonnées et d'un format réduit et unique, afin que vous puissiez les transporter sur vous, les manipuler facilement et les classer. Vous pouvez aussi jouer sur les couleurs, chacune étant affectée à un sujet.

Chaque fiche ne doit contenir qu'une seule idée ou tout au moins tourner autour d'une idée centrale. Une fiche constitue donc une unité élémentaire d'information. C'est en cela qu'une fiche se distingue d'une liste qui comprend d'ordinaire beaucoup d'éléments, souvent assez hétérogènes et, dans un premier temps au moins présentés en vrac. On peut toutefois passer facilement de l'un à l'autre en regroupant les éléments d'une liste par thèmes donnant chacun lieu à une fiche, ou en éclatant la liste en autant de fiches que nécessaire. On peut aussi juger plus utile de rédiger directement des fiches et non des listes, de façon à ne pas mélanger sur un même support des informations trop disparates.

Un ensemble de fiches constitue un fichier, ou une base de données sur un domaine précis. Un rangement opérationnel, par thème, ordre alphabétique... en facilitera la consultation.

## Les notes sur PDA et ordinateur

Vous êtes peut-être équipé d'un assistant personnel numérique et y enregistrez vos notes. Il convient ensuite de les stocker sur votre ordinateur au jour le jour en les classant de façon à pouvoir les retrouver et les utiliser facilement. Chaque fichier sera consacré à une idée centrale, comme pour la fiche-papier; plusieurs fichiers seront regroupés dans des dossiers autour d'un thème commun. N'oubliez pas que vous les consulterez ultérieurement et qu'il vous faudra les retrouver facilement quand vous en aurez besoin.

Vous pouvez aussi concilier papier et ordinateur :

- prendre vos notes sur fiches cartonnées et les entrer ensuite pour mémorisation sur votre ordinateur ;

- imprimer vos notes prises sur PDA pour un travail de synthèse.

Dans la vie active, les fichiers et dossiers que l'on est amené à constituer et à gérer sont multiples : clients ou fournisseurs, articles ou de produits, personnel, documentation, etc.

Dans ce qui suit, nous nous centrerons sur les types de regroupements les plus courants que chacun peut être amené à utiliser pour mieux organiser son travail.

## Différents types de fiches

Vous pouvez tout d'abord vous constituer vos fiches d'information en rédigeant des fiches, c'est-à-dire des notes tournant autour d'une seule idée, dans différentes situations où vous recueillez de l'information (conférences, exposés, cours, observations sur le terrain, réunions, entretiens, lectures, etc.).

Vous pouvez également noter sous forme de fiches-idées, et non de liste, les intuitions qui vous viennent à l'esprit. En n'inscrivant qu'une idée par fiche, vous vous réservez un espace pour faire plus tard une appréciation écrite détaillée de cette idée. Nous présentons ci-après un exemple de fiche-idée, emprunté à Marcel Botton[32].

Un autre type de fiches sont les fiches de rappel, qui vous permettront de noter une information dont vous aurez à vous souvenir plus tard. Dans cette catégorie entrent les pense-bêtes, qui vous rappelleront ce que vous avez à faire à un moment donné. L'important est que l'information ressorte à l'échéance voulue. Certains recopient le contenu de la fiche dans leur agenda ou inscrivent un symbole sur leur planning. D'autres classent ces fiches par ordre chronologique ou les intègrent dans un échéancier qui leur sert d'aide-mémoire. Vous pouvez aussi utiliser des papillons adhésifs et coller ou afficher la note à l'endroit qui s'avérera le plus utile : dossier ou document d'étude, bureau, téléphone, portefeuille, sac, miroir de la salle de bain, poste de télévision, voiture, etc. Vous pouvez aussi programmer la sonnerie de votre PDA pour le moment voulu en y associant l'élément auquel vous devez penser.

**N° 12c** Fiche-idées

| **TITRE DE L'IDÉE** | |
|---|---|
| PRINCIPE<br>DÉVELOPPEMENTS<br>(si nécessaire) | |
| DESSIN<br>(au verso si nécessaire) | |
| AVANTAGES | |
| INCONVÉNIENTS<br>ou difficultés | |
| POINTS À VÉRIFIER<br>(sous forme de questions) | |
| ÉVALUATION DU « CLIENT » | |
| A. à écarter a priori<br>Pourquoi ? | |
| B. à retravailler pour résoudre<br>la (ou les) difficulté(s) suivante(s) | |
| C. Applicable telle quelle sous<br>réserve des modifications suivantes | |
| D. À conserver telle quelle (ou à<br>soumettre au bureau d'études)<br>Pourquoi ? | |

À côté de ces pense-bêtes, vous pouvez aussi constituer votre stock de pense-intelligents, qui sont des fiches de rappel permanentes, un stimulant régulier pour la réflexion et l'action : fiches d'objectifs et de priorités, principes, maximes, préceptes, schémas d'action, citations, phrases-clés, anecdotes significatives. Tout ce matériau noté, accumulé et sélectionné par vous peut vous servir de déclencheur de réflexion et de guide pour l'action et vous ramener à l'essentiel et à ce qui compte vraiment pour vous.

## Le système d'organisation personnelle

Un système d'organisation personnelle est constitué par l'ensemble des supports qu'une personne utilise pour s'organiser et leur mode d'emploi.

Chacun d'entre nous a son propre système d'organisation personnelle, mais il est souvent empirique et peu efficace parce que construit sans méthode et sans réflexion d'ensemble.

Pour certains, le support essentiel de prise de notes pour s'organiser est l'agenda papier ou électronique. Ce dernier peut être suffisant, mais parfois on y note trop de choses, et pas seulement les rendez-vous. L'agenda devient alors un fourre-tout peu clair et difficilement gérable.

D'autres ont mis au point, en plus de la tenue de leur agenda, des systèmes de prise de notes complémentaires. Par exemple, des cahiers ou des blocs de feuilles détachables sur lesquels ils enregistrent tout ce qui leur semble utile. Ou des petits papiers qu'ils gardent sur eux. C'est la méthode qu'utilisait François Mitterrand, d'après les deux journalistes Michel Schiffres et Michel Sarazin : « Ce qu'il ressent, le choc que lui procurent un mot, une image, un paysage, la réflexion que procure une conversation, la motivation qui naît d'un jugement aboutissent sur des petits papiers qu'il griffonne sans arrêt et qu'il enfouit dans ses poches. » [33]

Mark H. Mc Cormack, dirigeant d'une société multinationale, déclarait qu'il notait tout sur différents types de blocs ou de fiches :

- un bloc de feuilles journalières sur lesquelles il écrivait plusieurs semaines ou mois à l'avance les choses à faire et les personnes à voir ;
- un bloc dont les pages étaient consacrées aux différentes parties du monde où il inscrivait ce à quoi il devait penser quand il s'occuperait d'une ville ou d'un pays ;
- des fiches de 12,5 cm sur 7,5 cm, portant le nom des salariés ou des associés avec lesquels il était en contact régulier, qui regroupaient tous les points à aborder lorsqu'il rencontrerait chacun d'entre eux ;
- des fiches vierges qu'il remplissait chaque jour de notes diverses et recopiait le soir sur des feuilles journalières.

Un tel système n'a bien sûr rien d'un modèle universel. Son intérêt réside dans la satisfaction et l'efficacité qu'en retire celui qui l'a conçu et qui le fait fonctionner.

Mc Cormack était le premier à insister sur la nécessité pour chacun de trouver son sytème :

> « Je connais des gens qui se servent d'un calendrier de poche et d'un calepin, de la même manière dont j'utilise mes blocs-notes et mes fiches. J'ai travaillé avec des gens qui ne prévoyaient jamais leur emploi du temps plus d'une semaine à l'avance. Et j'ai vu des gens fonctionner d'une façon tout à fait efficace avec une liste de choses à faire sans aucune indication de temps. Cependant, je n'ai jamais rencontré d'hommes d'affaires accomplis qui n'aient un système quelconque d'organisation personnelle[34]. »

Aujourd'hui sont largement répandus des matériels permettant à chacun de rassembler les différents éléments de son système d'organisation personnelle en un classeur unique. Ce classeur personnel, appelé organisateur (*organizer* en anglais), classeur-temps, ou agenda modulaire, permet de rassembler et d'avoir sous la main les différents supports de prise de notes qu'on est amené à utiliser. La mobilité des feuillets permet une actualisation permanente.

En pratique, avec le matériel que vous aurez choisi, luxueux ou économique, comprenant des formulaires spécifiques (pour plans de journée, plans d'action, etc.) ou du simple papier blanc, vous pouvez vous confectionner vous-même votre système d'organisation en vous appropriant toutes les techniques de prise de notes que nous avons évoquées précédemment. Éliminez ce qui ne vous est pas utile, sélectionnez ce que vous voulez pratiquer et adaptez-le à votre style et à vos besoins. Votre système d'organisation personnelle pourra a priori comprendre trois types d'éléments, que vous pouvez regrouper dans un classeur ou éclater :

- un sous-système de pilotage dont la fonction est de guider et d'orienter vos actions ;
- un sous-système de production dont la fonction est de vous permettre de noter tout ce que vous jugez utile d'enregistrer par écrit ;
- un sous-système de stockage de l'information (ou banque de données personnelles) dont la fonction est de conserver tout ce dont vous devez garder une trace.

Les performances de plus en plus pointues des PDA ou l'utilisation constante de plus en plus répandue des ordinateurs portables font reculer l'utilisation des supports papier. À vous d'exploiter au maximum les progrès technologiques si vous y avez recours. Mais n'oubliez pas que pour un travail de synthèse, vous aurez besoin de mettre en lien en permanence les différents éléments dont vous disposez ; il est donc recommandé de les imprimer pour faciliter le passage nécessaire de l'un à l'autre.

Les composants d'un système d'organisation personnelle

| Fonction de base | Éléments de contenu éventuels |
|---|---|
| PILOTAGE | – liste de choses à faire<br>– liste d'objectifs<br>– liste de priorités<br>– agenda<br>– plans de journées<br>– plannings divers<br>– plans d'actions |
| PRODUCTION | Support disponible pour différentes prises de notes à l'occasion<br>– d'entretiens<br>– de réunions<br>– de lectures<br>– de réflexions personnelles et créatives : notes de terrain, préparation d'une intervention orale, piège à idées, brainstorming en solo, notes visuelles, etc. |
| STOCKAGE | Avec soi, l'information chaude :<br>– notes ou fiches d'information (chiffres-clés, résultats, documents à exploiter, etc.)<br>– fiches-idées<br>– fiches de rappel (pense-bêtes et pense-intelligents)<br>– répertoire (adresses, téléphones)<br>À part, l'information froide :<br>– archives |

## La gestion des notes

La pratique d'un système d'organisation personnelle oblige à structurer sa prise de notes et à noter sur des supports ou dans des rubriques différentes des éléments remplissant des fonctions différentes. Ce faisant, on gère ses notes dans l'immédiat, au moment de leur production. Ensuite se pose la question de savoir comment on exploite les notes prises. Pour cela on peut utiliser la méthode ACTE (agir, classer, transmettre, éliminer), proposée par Stéphanie Winston[35] pour le tri et la gestion des papiers :

- certaines notes exigent d'engager une action : décision, contact, analyse, etc. (ces différentes actions pourront être hiérarchisées en termes d'importance et d'urgence, les unes demandant une réponse immédiate, les autres à terme) ;
- certaines notes nécessitent un classement, dans un classeur personnel, dans un dossier ou en archives ;
- d'autres notes donnent lieu à une transmission dans le cadre d'une information ou d'une délégation à d'autres interlocuteurs ;
- enfin des notes débouchent sur une élimination (stratégie de la corbeille à papier ou sur ordinateur).

Dans ces différentes démarches de gestion de ses notes, il nous semble important de garder en tête des principes de simplification et de désencombrement. Ne conservez que l'essentiel. Rappelez-vous la loi de Douglass : les dossiers et les documents papier s'entassent jusqu'à remplir l'espace disponible pour leur rangement. Faites des nettoyages réguliers dans votre documentation, et profitez-en pour l'alléger et réactualisez si nécessaire vos méthodes de classement. Et si vous stockez vos notes dans votre ordinateur, n'oubliez pas que sa mémoire est limitée et faites « le ménage » selon le même principe.

**Améliorez sans cesse la gestion de vos notes en vous posant les trois question-clés de l'analyse de la valeur :**

- **À quoi ça sert ?**
- **Qu'est-ce que cela coûte ?**
- **Ne pourrait-on faire autrement ?**

# Conclusion

## Les formes perverses de la prise de notes

Pour clore cet ouvrage, nous voudrions mettre en garde contre certaines formes courantes de prise de notes inefficace :

- la prise de notes automatique, sans réfléchir, y compris en appliquant seulement et systématiquement des recettes ;
- la prise de notes surabondante, dont la seule fonction est de sécuriser ;
- la prise de notes par habitude, qui traduit un système de communication ou d'organisation archaïque, un modèle culturel de dépendance.

Il faut parfois savoir, dans certaines circonstances, ou en fonction de sa personnalité et de ses objectifs, éviter de prendre des notes. Différents auteurs citent des exemples d'auditeurs de qualité qui ne prenaient pas de notes – ou en prenaient très peu – pour mieux se concentrer sur l'essentiel des propos tenus. Pierre Salinger raconte comment il fit progresser, en 1960, le rituel de la conférence de presse, en évitant aux journalistes qui écoutaient J.F. Kennedy d'avoir à prendre des notes, parce qu'il décida de leur distribuer une copie intégrale de ses discours une demi-heure après la fin de ceux-ci[36].

Le professionnalisme, dans certaines situations de communication, consiste parfois à savoir ou à pouvoir se passer partiellement ou totalement de la prise de notes.

## Pour une prise de notes stratégique

La prise de notes est un moyen, pas une fin en soi. Elle doit rester une démarche active, intelligente, créative, adulte. Elle est au service des objectifs qu'on se donne.

Dans ce domaine comme dans les autres, la stratégie doit précéder la tactique. Le vrai savoir-faire maîtrisé dépasse les recettes. Il consiste à décider si on prend des notes ou pas et, si on en prend, à savoir comment, et pourquoi.

# Annexes

La prise de notes, surtout lorsqu'elle concerne le domaine de l'expression orale, nécessite le recours à un code d'abréviations.

Faire une économie d'écriture est fondamental, mais pas au détriment de l'intelligibilité. C'est pourquoi il faudra veiller à bien maîtriser son système de notation pour éviter de se retrouver, une fois un certain temps écoulé, face à un texte indéchiffrable.

Les possibilités qui s'offrent pour abréger l'expression sont de trois niveaux :

1/ on peut se dispenser de transcrire certains éléments du discours sans que le résultat soit incompréhensible ;

2/ on peut supprimer certaines lettres dans un mot que l'on reconnaîtra ensuite sans difficulté ;

3/ on peut utiliser des signes qui permettent de transcrire d'une façon plus rapide certains termes usuels.

À ces codes que l'on pourrait considérer comme généraux, car partagés par la plupart des gens qui prennent des notes, on ajoutera tous les trucs individuels, forgés à un usage propre... et dont on aura testé l'efficacité.

## Éliminer certains mots

Certains éléments du discours peuvent ne pas apparaître dans les notes sans que cela nuise à la compréhension. On les réintégrera spontanément à la relecture.

Il s'agit essentiellement des déterminants usuels :

- articles définis : le, la, les ;
- articles indéfinis : un, une, des ;
- adjectifs démonstratifs : ce, cet, cette, ces ;
- adjectifs possessifs : son, sa, ses.

Ces deux dernières catégories ne seront toutefois éliminées que si le sens de la phrase n'en est pas affecté.

On peut également se passer de transcrire certains verbes et groupes verbaux comme le verbe être, ou les expressions « il y a », « c'est... » « qui... »

## Supprimer certaines lettres dans les mots

On tronquera de préférence le mot de tout ou partie de ses voyelles, conservant essentiellement les consonnes.

C'est une amputation que l'on retrouve dans un certain nombre de mots courants, faciles à repérer. Il est toutefois hasardeux de transcrire ainsi tous les mots ; on prend le risque de ne plus les reconnaître.

## Les abréviations

Sans prétendre à l'exhaustivité nous présenterons ci-dessous un certain nombre d'abréviations courantes.

### Des mots invariables

ar. : arrière

pdt : pendant

avt : avant

pr : pour

bcp : beaucoup

qd : quand

cpdt : cependant

qqf : quelquefois

dvt : devant

ss : sans/sous

ds : dans

id.idem = de même

sf : sauf

lgtps : longtemps

svt : souvent

$\hat{m}$ : même

tjrs : toujours

ms : mais

# Annexes

## Quelques adjectifs et pronoms usuels

cial : commercial
nat : naturel
crt : courant
nbrx : nombreux
ext : extérieur
ns : nous
$g^{al}$ : général
plur : pluriel
grd : grand
qq : quelque
frs : français
scient : scientifique
int : intérieur
sg : singulier
math : mathématique
tt : tout
ts : tous
tte(s) : toute(s)
max : maximum
min : minimum
$n^{al}$ : national

## Quelques noms courants

appt : appartement
hist : histoire
bd : boulevard
jr : jour
bt : bâtiment
Mr : Monsieur
Mme : Madame
Melle : Mademoiselle
ch : chose
chgt : changement
cf : *confer* (se reporter à)
pl : place
plur : pluriel
dvt : développement
pt : point
dvr : droit
prx : prix
fme : femme
hme : homme
rech : recherche
géo : géographie
sté : société
gvt : gouvernement
sc : science
tps : temps
Xisme : christianisme

## S'en tenir aux initiales

f : franc

etc. : *et caetera* (et tout le reste)

j.h. : jeune homme

j.f. : jeune fille

c.à.d. } c'est-à-dire
i.e. } (*id est*)

h : heure

l : litre (et composés)

SDB : salle de bains

RC : rez-de-chaussée

m : mètre (et composés)

OS : ouvrier spécialisé

mn : minute

QCM : questionnaire à choix multiple

Il faudrait ajouter à ces quelques exemples tous les termes relevant de domaines spécialisés qui possèdent leurs propres codes.

Ainsi la chimie a simplifié les noms des éléments qu'elle étudie. O désignera l'oxygène, Zn le zinc.

Quant à l'économie, elle manie le PNB (Produit national brut), le PIB (Produit intérieur brut) et autres notions aux noms abrégés.

## Supprimer les finales

Selon le contexte, il est possible de supprimer les finales de certains mots, par exemple les finales de verbes, les suffixes (en -al, en -igue...).

Ex. : princip. pour principal, techn. pour technique.

Les adverbes terminés en -ment, -amurent, -emment, seront écrits partiellement, « -ment », devient « mt » ou se réduit à « t ». Ex. : poliment – polimt

seulement – seulemt ou seult

patiemment – patiemt

notamment – notamt

## Utiliser des signes et des symboles

Un certain nombre de signes exprimant des relations entre des termes (causalité, hiérarchie, inclusion...) sont couramment utilisés. Nous avons retenu ici ceux qui nous semblent les plus facilement mémorisables.

| | | | |
|---|---|---|---|
| = | égal | – | moins |
| > | plus grand que | → | relation de causalité |
| < | plus petit que | ⦸ | n'a aucun effet sur |
| ~ | à peu près égal à | ⇄ | interaction |
| # | peu différent de | ? | marque du doute |
| ≠ | différent de | ?? | doute allant jusqu'à l'incompréhension |
| ↗ | accroissement | E | appartenance |
| ↘ | diminution | φ | philosophie |
| → | stabilité | ψ | psychologie |
| ↝ | variation | | |
| + | plus | | |

À tous ces modes d'abréviations généralisés, il convient d'ajouter ses propres créations, si on les maîtrise bien.

Il faut prendre aussi en compte la situation elle-même ; en effet si certains termes sont fréquemment repris dans une intervention orale, on peut, pour l'occasion, les abréger.

À chacun sa pratique... pourvu qu'elle soit efficace !

## Notes

(1) Parmi les ouvrages qui intègrent la prise de notes comme un élément essentiel de la formation méthodologique, citons :

Harry Maddox, *How to study*, Pan Books, 1967.

Walter Pauk, *How to study in college*, Houghton Mifflin Company, 1984.

(2) George Brown, dans son livre *Bien faire un cours, un exposé, une conférence* (Les Éditions d'Organisation, 1980), rappelle, à titre de mise en garde, l'aphorisme selon lequel un étudiant ne fait souvent que transférer les notes de son professeur sur son cahier sans qu'elles passent par la tête de l'un ou de l'autre !

(3) Guide : ensemble de thèmes que l'on souhaite voir aborder au cours de l'entretien.

(4) Dans une interview non-directive, ou centrée sur le sujet, l'interviewer après avoir proposé le thème à l'interviewé (« j'aimerais que vous me parliez de... »), laisse ce dernier s'exprimer librement, sans lui poser de question ; ses seules interventions, si un silence s'installe, consistent à relancer l'interviewé sur les derniers propos abordés ou à faire une reformulation-synthèse (« vous avez dit... »).

(5) Se reporter à *Écrire pour Agir au Quotidien*, Renée Simonet, Annick Marret, les Éditions d'Organisation, 2003.

(6) Charles Clark, *Comment être créatif dans le travail*, Dunod, 1986.

(7) Alex F. Osborn, *L'Imagination constructive, Créativité et brainstorming*, Dunod, 1974.

(8) Jean Guitton, *Le Travail intellectuel*, Aubier-Montaigne, 1986.

(9) François Jacob, *La Statue intérieure*, Éditions du Seuil, 1987.

(10) Cité dans Arthur Koestler, *Le Cri d'Archimède*, Calmann-Lévy, 1965.

(11) Arthur Koestler, *Le Cri d'Archimède*, Calmann-Lévy, 1965.

(12) Jean Guitton, *Le Travail intellectuel*, Aubier-Montaigne, 1986.

(13) Cas rapporté dans Dr. Maxwell Maltz, *Psycho-cybernétique*, Éditions Christian M. Godefroy, 1981.

(14) Alex F. Osborn, *L'Imagination constructive, Créativité et brainstorming*, Dunod, 1974.

(15) Jean-François Bizot et Jean-Pierre Sentin, « Brian Eno: Les Blancs pensent trop » *in Actuel*, n° 100, octobre 1987.

(16) Tony Buzan, *Une tête bien faite : Exploitez vos ressources intellectuelles*, les Éditions d'Organisation, 1979.

(17) Christine Ducros, « Mon boss tient un blog », *Le Figaro Entreprises*, 31 janvier 2005.

(18) Jean Guitton, *Le Travail intellectuel*, Aubier-Montaigne, 1986.

(19) Hubert Jaoui, *Clefs pour la créativité*, Éditions Seghers, 1975.

(20) Warren Bennis Burt Nanus, *Diriger. Les secrets des meilleurs leaders*, Inter Éditions, 1985.

(21) Extrait de Dan Greenburg, *Le Manuel du parfait petit masochiste*, Éditions du Seuil, 1985. Voir aussi Paul Watzlawick, *Faites vous-même votre malheur*, Éditions du Seuil, 1984.

(22) Georges Archier et Hervé Sérieyx, *Pilotes du 3e type*, Éditions du Seuil, 1986.

(23) Méthode de créativité consistant à relier des éléments hétérogènes.

(24) Charles Garfield, *Haute performance*, L'Expansion, Hachette, Jean-Claude Lattès, 1986.

(25) Tony et Robbie Fanning, *Get it All Done and Still be Human, A personal time-management workshop*, Ballantine books, 1987.

(26) Cité dans Robert H. Waterman, *The Renewal Factor*, Bantam Book, 1987.

(27) Jean Monnet, *Mémoires*, Fayard, 1976.

(28) Anecdote rapportée dans Alec Mackenzie, *La chasse au temps perdu*, Entreprise Moderne d'Éditions, 1974 et dans Charles Clark, *Comment être créatif dans le travail*, Dunod, 1986.

(29) Jean-Louis Servan-Schreiber, *L'Art du temps*, Livre de poche, Fayard, 1983.

(30) Georges Archier et Hervé Sérieyx, *Pilotes du 3e type*, Éditions du Seuil, 1986.

# Notes

(31) Tom Peters, *Thriving on Chaos – Handbook for a Management Revolution*, Macmillan London, 1988.

(32) Marcel Botton, *50 fiches de créativité appliquée*, Les Éditions d'Organisation, 1980.

(33) Cité dans Michel Schiffres et Michel Sarazin, *L'Élysée de Mitterrand – Secrets de la maison du Prince*, Éditions Alain Moreau, 1985.

(34) Mark H. Mc Cormack, *Tout ce que vous n'apprendrez jamais à Harvard – Notes d'un homme de terrain*, Rivages/Les Échos, 1985.

(35) Stéphanie Winston, *Organisez votre travail pour mieux gagner*, Albin Michel, 1986.

(36) Cité dans la préface du livre de Annick Oger-Stefaninck, *La communication c'est comme le chinois, ça s'apprend, manuel contemporain de communication*, Rivages/Les Échos, 1987.

# Bibliographie


ARCHIER G., SERIEYX H., *L'Entreprise du 3e type*, Éditions du Seuil, 1984.

ARCHIER G., SERIEYX H., *Pilotes du 3e type*, Éditions du Seuil, 1986.

BLISS E.-C., *Doing it now*, Futura Publications, 1988.

BOTTON M., *50 fiches de créativité appliquée*, Les Éditions d'Organisation, 1980.

BOSQUET R., *Savoir étudier*, Le Centurion, 1969.

BROWN G., *Bien faire un cours, un exposé, une conférence : enseigner, exposer, expliquer*, Les Éditions d'Organisation ; 1980.

BUZAN T., *Une tête bien faite : exploitez vos ressources intellectuelles*, Les Éditions d'Organisation, 1979.

BUZAN T., *Dessine-moi l'intelligence, guide d'accès à la dynamique mentale*, Les Editions d'Organisation, 1995.

CHALVIN D., *Utiliser tout son cerveau – De nouvelles voies pour accroître son potentiel de réussite*, Les Éditions E.S.F., Entreprise Moderne d'Édition, Librairies Techniques, 1986.

CLARK, C., *Comment être créatif dans le travail*, Dunod, 1986.

COUCHAERE M.-J., *Notez vite, notez mieux*, Chotard et associés, 1987.

COUCHAERE M.-J., *Éduquer sa mémoire*, Les Éditions E.S.F., Entreprise Moderne d'Édition, Librairies Techniques, 1987.

DARTOIS C., *Comment prendre des notes*, Le Centurion, 1965.

DEESE J., DEESE E.K., *How to study*, Mc Graw-Hill, 1979.

DELADRIERE J.-L., LE BIHAN F., MONGIN P., REBAUD D., *Organisez vos idées avec le mind mapping*, Dunod, 2004.

DUBREUIL R., *Méthodes de travail de l'élève et de l'étudiant*, Vuibert, 1977.

FANNING T., FANNING R., *Get it all clone and still be human – a personal time-management workshop*, Ballantine Books, 1987.

GARFIELD C., *Haute performance*, L'Expansion, Hachette, Jean-Claude Lattès, 1986.

GAUQUELIN F., *Développer sa mémoire, méthode Richaudeau*, Retz, 1979.

GUITTON J., *Le Travail intellectuel, conseils à ceux qui étudient et à ceux qui écrivent*, Aubier-Montaigne, 1986.

HAMBLIN D.-H., *Teaching study skills*, Basil Blackwell Publisher, 1984.

HOFFBECK G., WALTER J., *Prendre des notes vite et bien*, Dunod, 2002.

JAOUI H., *Clefs pour la créativité*, Seghers, 1975.

KESSELMAN-TURKEL J., PETERSON F., *Note-taking made easy*, Contemporary Books, 1982.

KOESTLER A., *Le Cri d'Archimède*, Calmann-Lévy, 1965.

LEMAITRE P., MAQUERE F., *Savoir apprendre*, Chotard et associés, 1986.

MADDOX H., *How to study*, Pan Books, 1967.

MALTZ M., Dr, *Psycho-cybernétique*, Éditions Christian M. Godefroy, 1981.

MCCORMACK M.-H., *Tout ce que vous n'apprendrez jamais à Harvard, notes d'un homme de terrain*, Rivages/Les Échos, 1985.

NORFOLK D., *Executive stress*, Arrow Books, 1987.

OSBORN A.-F., *L'Imagination constructive – créativité et brainstorming*, Dunod, 1974.

PAUK W., *How to study in college*, Houghton Mifflin Company, 1984.

PETERS T., *Thriving on chaos – handbook for a management revolution*, Macmillan, London, 1988.

PIOLAT A., *La prise de notes*, PUF « Que sais-je ? », 2001.

ROWAN R., *Intuition et management*, Rivages/Les Échos, 1987.

ROWNTREE D., Learn how to study, Macdonald, 1986.

SEIWERT L.-J., Maîtrisez votre temps, Les Éditions d'Organisation, 1987.

SERVAN-SCHREIBER J.-L., *L'Art du temps*, Livre de poche, Fayard, 1983.

SIMONET J., *Organisation personnelle du travail*, Les Éditions d'Organisation, 1983.

# Bibliographie


SIMONET J. et R., *Le Management d'une équipe*, Les Éditions d'Organisation, 1987.

SIMONET R., *Comment réussir un exposé oral*, Dunod, 2000

SIMONET R, MARRET A., SALZER J., *Écrire pour agir au quotidien*, Éditions d'Organisation, 2002.

TIMBAL-DUCLAUX L., *L'Écriture créative – cinq techniques pour libérer l'inspiration, produire des idées, pour communiquer avec efficacité*, Retz, 1986.

TROCME-FABRE H., *J'apprends donc je suis : introduction à la neuropédagogie*, Les Éditions d'Organisation, 1987.

VERTADIER A., *Gérez votre temps*, Chotard et associés, 1987.

# Table des matières

# Table des matières

# Table des matières

Dépôt légal : septembre 2005
Imprimé en Allemagne
par Clausen & Bosse